LES
JEUNES VOYAGEURS
EN ASIE,

PREMIÈRE PARTIE,

CONTENANT LA TURQUIE D'ASIE, L'ARABIE,
LA PERSE ET L'INDE.

TOME PREMIER.

PARIS, IMPRIMERIE DE GAULTIER LAGUIONIE,
HÔTEL DES FERMES.

LES
JEUNES VOYAGEURS
EN ASIE,
OU
DESCRIPTION RAISONNÉE

DES DIVERS PAYS COMPRIS DANS CETTE BELLE PARTIE
DU MONDE,

Contenant des détails sur le sol, les productions, les curiosités, les mœurs et coutumes des habitans, les hommes célèbres de chaque contrée, et des anecdotes curieuses.

Avec une Carte générale de l'Asie, six Cartes particulières, et seize Gravures en taille-douce.

Par P. C. Briand,
Auteur des Jeunes Voyageurs en Europe.

TOME PREMIER.

A PARIS,
CHEZ HIVERT, LIBRAIRE,
QUAI DES AUGUSTINS, N. 55.

1829.

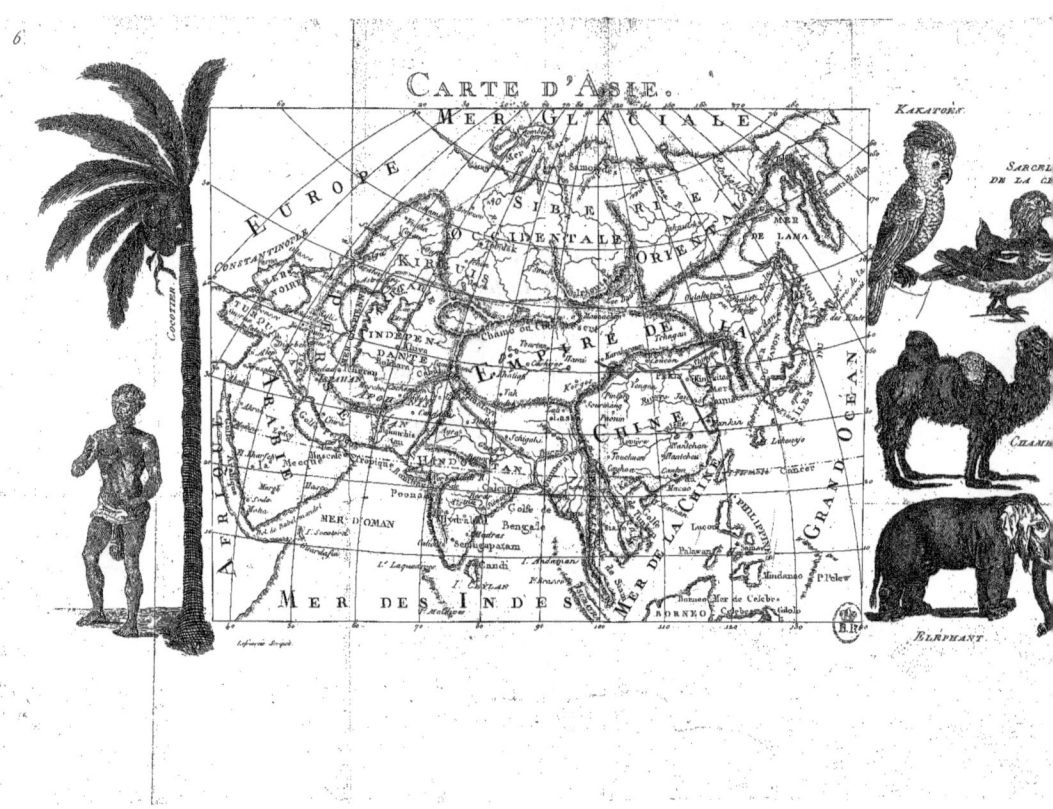

AVANT-PROPOS.

Cet ouvrage est divisé en deux parties; la première comprend la Turquie d'Asie, l'Arabie, la Perse, l'Inde en-deçà et au-delà du Gange, et forme la matière des cinq premiers volumes; la seconde renferme la Chine, le Thibet, le Japon, la Corée, la Tartarie, la Russie d'Asie, et compose les trois derniers. Cette disposition avait eu lieu pour rendre l'acquisition du livre plus facile, en publiant les parties séparément; mais en y réfléchissant, nous avons pensé que la situation respective des différens états de l'Asie ne permettant pas de diviser cette partie du monde, comme l'Amérique, en septentrionale et méridionale, il était plus convenable de ne faire du tout qu'un seul et même ouvrage, ainsi que nous l'avons fait pour l'Europe (1).

Les Jeunes Voyageurs en Asie offrent à la jeunesse des deux sexes une ample matière d'instruction mêlée à beaucoup d'amusement. On y trouve tout ce qui peut exciter et alimenter la curiosité ainsi que le goût de la lecture : la description du sol, des productions naturelles et industrielles, des monumens plus ou moins remarquables par leur mérite, leur magnificence ou leur singularité; les mœurs, les coutumes, les lois, les usages plus ou moins bizarres;

---

(1) Les Jeunes Voyageurs en Europe, ou description raisonnée des divers pays compris dans cette partie du monde, avec des détails sur le sol, les productions, les curiosités, les monumens, les mœurs et coutumes des habitans, les hommes célèbres de chaque contrée, seconde édition; 5 vol. in-18 sur papier grand-raisin, ornés de cartes et de gravures. A Paris, chez Thiériot, libraire, rue Pavée-Saint-André-des-Arcs, n. 13.

la différence qui existe entre les divers peuples de l'Asie, quoique rapprochés les uns des autres; la diversité des religions, des gouvernemens; enfin tout ce qui peut tendre à l'instruction; et, sous ce rapport, cet ouvrage peut être également utile aux spéculateurs, aux négocians, qui y trouveront indiquées les productions précieuses que renferme l'Asie, les contrées où elles sont le plus abondantes et de la meilleure qualité.

C'est encore un grand avantage que d'avoir dans un seul ouvrage tout ce qu'il importe de connaître dans une partie du monde aussi étendue, aussi intéressante que l'Asie. On est dispensé de lire une infinité de voyages, dans lesquels le voyageur s'est le plus souvent livré à des digressions fort ennuyeuses, ou qui ne contiennent que des remarques ou des observations qui ne sont point d'un intérêt général. Les Jeunes Voyageurs, au contraire, embrassent tout, et ne présentent au lecteur rien qui ne soit véritablement utile, intéressant, instructif et amusant. Nous n'avons point eu l'intention de publier un ouvrage de géographie, mais nous n'avons rien négligé de ce qui peut y avoir rapport. Un nombre de cartes suffisant pour cette partie, et des gravures en taille-douce représentant des villes, des monumens, des ruines, ajoutent à l'intérêt de cet ouvrage.

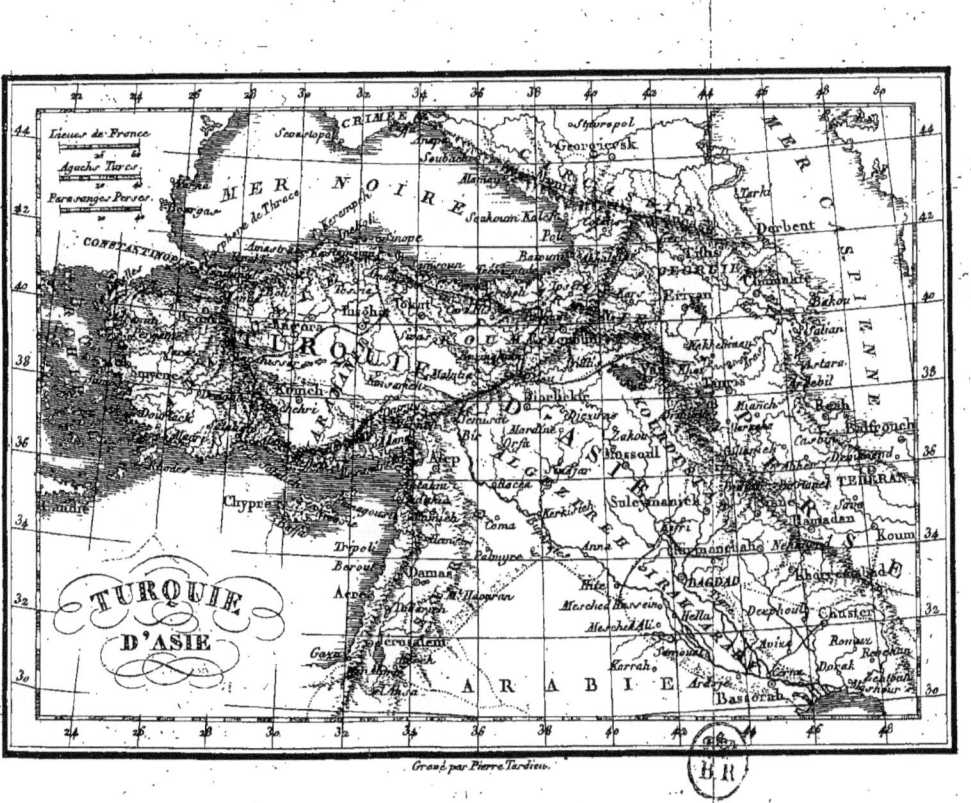

LES JEUNES VOYAGEURS

DANS

LA TURQUIE D'ASIE,

L'ARABIE, LA PERSE ET L'INDE.

LETTRE PREMIÈRE.

Turquie d'Asie. — Ile de Chypre. — Ile de Rhodes. —Iles diverses.—Villes principales.

En quittant ma patrie, madame, je vous ai promis le récit de mes voyages; c'est une tâche qu'il me sera bien doux de remplir, et que le désir de vous être agréable me fera trouver facile. J'aime à croire que ce récit vous intéressera; car, pour atteindre ce but, il me suffira de décrire exactement tout ce qui me paraîtra propre à alimenter la curiosité, à instruire et à amuser. Ce ne seront pas les sujets qui me manqueront; l'Asie offre tant de variétés dans ses productions animales et végétales, et dans les mœurs, les usages, les lois et les habitudes des différens peuples qu'elle renferme, que l'intérêt s'accroît à mesure qu'on l'explore. En effet, vous savez qu'elle surpasse les autres parties du monde par la fécondité de son sol, le goût délicieux de ses fruits, la qualité de ses plantes, la saveur aromatique de ses épices, de ses gommes, et par la vertu de ses drogues, dont la médecine fait tant d'usage. L'abondance, la variété, la beauté et la valeur de ses perles et de ses pierres précieuses ne sont pas moins remarquables que la richesse de ses métaux, la finesse de sa soie et de son coton. Si l'on ajoute à ces avantages la gloire d'avoir été le berceau du genre humain et du christianisme, celui des sciences et des arts, et le siége des premiers empires, on conviendra que l'Asie a bien des titres de supériorité sur le reste du monde.

Cependant, il faut avouer que, dans quelques parties, elle a éprouvé de grands changemens. Celle qu'occupent aujourd'hui les Turcs, a perdu considérablement de son ancienne splendeur. C'était, dans l'origine, la contrée la plus peuplée et la mieux cultivée ; aujourd'hui ce n'est plus qu'un pays désert où la culture se fait à peine remarquer. Les autres parties de l'Asie méridionale ont à peu près conservé leur situation primitive. On y retrouve encore un sol fertile et des habitans indolens, efféminés et voluptueux. Ce caractère de faiblesse a pour cause principale la chaleur extrême du climat ; mais l'éducation, l'habitude, les préjugés, peuvent être regardés comme autant de causes, secondaires à la vérité, mais non moins efficaces.

Il n'en est pas ainsi des peuples voisins du nord. Les Tartares, qui vivent presque sous la même latitude que les Allemands et les Français, sont braves, hardis, forts et vigoureux, et ne le cèdent, en ces qualités, à aucune nation de l'Europe. Au reste le défaut de force et d'activité que l'on remarque chez les Chinois, les Indous et les habitans des régions les plus méridionales, paraît être amplement compensé par la vivacité, l'esprit et l'aptitude singulière de ces peuples à diverses sortes d'ouvrages manuels que nos plus habiles artistes ont vainement tenté d'imiter.

La forme du gouvernement, la plus commune en Asie, est la monarchie absolue. Les Tartares, les Arabes et quelques tribus errantes, sont les seuls peuples qui y jouissent de la liberté ; les autres sont courbés sous le joug du despotisme. On professe en Asie diverses religions. La Turquie, l'Arabie, la Perse, une partie de la Tartarie et de l'Inde suivent la doctrine de Mahomet ; les Persans et les Musulmans indiens sont de la secte d'Ali ; les autres sont de la secte d'Omar ; mais les uns et les autres reconnaissent Mahomet pour leur législateur, et règlent leur foi et leurs actions sur ce que prescrit le Coran. Dans l'autre partie de la Tartarie et de l'Inde, à la Chine, au Japon et dans les îles asiatiques, les peuples sont généralement idolâtres ; on trouve aussi des juifs dans toutes les contrées de l'Asie, et bien que le christianisme y ait pris naissance, ce sont les chrétiens qui y forment le plus petit nombre.

Les principales langues parlées dans cette partie du monde sont : le grec moderne, le turc, le russe, le tartare, le manchoux, le persan, l'arabe, le malais, le chinois et le japonais. On y parle aussi quelques langues européennes, mais seulement sur les côtes de l'Inde et de la Chine.

L'Asie a pour bornes, au nord, la Mer-Glaciale ; à l'ouest, les monts ourals qui la séparent de l'Europe, la Mer-Noire, celle de Marmara, la Méditerranée, l'isthme de Suez et la Mer-Rouge ; au sud, la mer des

Indes; à l'est, le Grand-Océan qui la sépare de l'Amérique. Sa partie continentale embrasse une étendue d'environ deux mille sept cents lieues depuis la côte occidentale de l'Anatolie jusqu'au cap est (Russie asiatique), et mille huit cent quatre-vingt-dix lieues depuis la Mer-Glaciale jusqu'à l'extrémité méridionale de la péninsule de Malaca. On évalue approximativement la population de l'Asie à cinq cent cinquante millions d'individus. Les diverses régions qui la composent, sont : la Turquie, l'Arabie, la Perse, l'Inde en-deçà et au-delà du Gange, la Chine, le Japon, la Tartarie et la Sibérie, indépendamment de plusieurs îles plus ou moins étendues et dont quelques-unes forment de petits états indépendans.

Il y avait près d'un mois que j'étais à Marseille, retenu en partie par le mauvais temps, lorsque le hasard me procura la connaissance de deux jeunes Russes qui venaient de parcourir l'Europe, sous la conduite d'un Français, leur instituteur, homme fort instruit, de caractère gai, et tout-à-fait aimable. Ils étaient, ainsi que moi, dans l'intention de visiter l'Asie. Nous nous convînmes au premier abord, et il s'établit entre eux et moi une liaison qui n'a pas peu contribué à rendre mon voyage agréable. Dès que le beau temps parut, nous nous embarquâmes sur un bâtiment qui faisait voile pour l'île de Chypre. Le vent était favorable, et nous y arrivâmes sans avoir éprouvé d'autre incommodité que *le mal de mer*.

L'île de *Chypre* est située dans la mer du Levant près des côtes de la Syrie. Elle a, dit-on, cent trente lieues de long et soixante dans sa plus grande largeur. Son produit consiste en grains, en vins renommés, en fruits, huile, miel, coton et soie. Les hyacinthes, les anémones, les renoncules, les narcisses, qui exigent tant de soin en Europe, viennent ici presque sans culture. Elles tapissent les montagnes, et changent les campagnes en un vaste parterre.

Selon la tradition du pays, cette île fut long-temps soumise à plusieurs princes différens qui furent subjugués par les Égyptiens. Ceux-ci la perdirent à leur tour, sous le règne des Ptolémées. Les Romains s'en rendirent maîtres, et lors du partage de l'empire, elle passa au pouvoir des empereurs d'Orient. Isaac Comnène, l'un d'entre eux, en était en possession lorsque Richard 1er, roi d'Angleterre, s'en empara. Ce prince ne voulait d'abord que délivrer la terre sainte; mais ce n'est pas la seule fois que les héros croisés n'ont soumis et ravagé que des états chrétiens.

Cette île après avoir passé en différentes mains fit partie des États Vénitiens. La bonté de ses vins engagea le grand-seigneur à s'en emparer; elle est restée sous la dépendance des Turcs et gouvernée par un pacha, mais elle est bien déchue de son ancienne grandeur. On y comptait encore, avant l'année 1822, environ quatre-vingt mille ames; mais depuis, les Turcs l'ont ravagée et il n'y reste plus qu'un très petit nombre de familles.

Dans la recherche des monumens de cette île célèbre, nous dirigeâmes d'abord nos pas vers *Paphos* ou plutôt vers la ville qui l'a remplacée. Elle est très agréable et très vaste. On voit aux environs des colonnes brisées et dispersées au hasard. Ce sont des débris du temple de Vénus; il était, dit-on, situé à l'endroit même où cette déesse aborda pour la première fois, quand elle sortit des eaux de la mer. On n'offrait que du feu sur ses autels. Jamais ils ne furent souillés de sang, jamais ils ne furent desservis que par des prêtres d'une naissance illustre, ou par des prêtresses d'une beauté ravissante. Bientôt l'oracle de ce sanctuaire devint célèbre, il ne répondait qu'à des questions relatives aux attributs de la déesse, et n'en était que plus souvent consulté.

On attribue la fondation de la ville de Paphos à Cynire, roi d'Assyrie et gendre de Pygmalion, roi de Chypre; d'autres prétendent qu'elle fut bâtie par Paphos. fils de ce même Pygmalion et de sa fameuse statue. On voit auprès de cette ville des pierres transparentes; les lieux où elles se trouvent sont appelés *mines de diamans.* Un gouverneur turc, trompé par cette dénomination, voulut les faire valoir; il y dépensa des sommes considérables, et finit par reconnaître son erreur. Pour s'en dédommager, il afferma aux chrétiens ces trésors imaginaires, à peu près aussi cher que s'ils eussent été réels. On dit que ces successeurs n'ont rien changé à cet arrangement.

L'ancienne ville d'*Amathus* est célèbre par les amours de Vénus et d'Adonis; ils y eurent un temple dont il ne reste aucun vestige. En revanche on y voit une église où repose le corps d'un Saint Jean, patriarche d'Égypte dans le septième siècle. Le tombeau qui le renferme est magnifique, et les prêtres racontent que lorsqu'on l'y transporta, un évêque, dont les os l'occupaient depuis bien des années, en sortit pour faire place et honneur à ceux du patriarche.

Vénus n'était pas la seule divinité qu'on adorât dans cette île. Apollon y avait un temple dont l'on voit encore les débris, auprès de Piscopi, village d'une grandeur et d'une beauté remarquables. Les habitans disent que ces ruines proviennent du palais d'un homme qui enseignait la musique, et vous savez qu'Apollon passe pour en être l'inventeur. Le bois qui lui fut consacré est actuellement une plaine arrosée par un aqueduc. Près de-là sont quelques paysages effrayans qui retracent le souvenir d'un tremblement de terre.

A quelque distance est le promontoire de Curium, aujourd'hui nommé *Capo di Gato* (cap de chat), pour faire allusion aux chats qu'entretiennent les prêtres de Saint-Basile pour la destruction des serpens répandus dans les campagnes. Ces bons prêtres furent excités à cette bonne œuvre par le don d'un très beau village.

Nicosie, belle et forte ville, est la capitale de cette contrée ; elle est située dans une plaine agréable, au pied des montagnes. On y voit de belles mosquées, des églises grecques et les ruines d'anciens édifices. Les maisons sont bâties en briques ou en terre. C'est la demeure du gouverneur et le siége d'un archevêque ; c'était autrefois celle de toute la noblesse vénitienne qui vivait dans l'île. A en juger par ses ruines, elle a dû être magnifique, et sa défense contre les Turcs prouve qu'elle était assez bien fortifiée. Ces barbares s'en étant rendus maîtres y passèrent au fil de l'épée plus de vingt mille habitans ; les femmes laides et les enfans furent brûlés sur le même bûcher, on réserva les plus jolies pour le sérail du Grand-Seigneur, et les principaux citoyens pour orner le triomphe du général. Plus de vingt-cinq mille hommes furent réduits en captivité et vendus comme esclaves, mais aucune des femmes destinées pour le sérail n'y arriva. Une d'entr'elles ayant pris secrètement une mêche allumée fit sauter le navire qui les portait, et le même accident fit périr le vaisseau où se trouvait le général turc.

Nicosie est habitée par environ deux mille familles turques et mille familles grecques. On y fabrique du maroquin, des étoffes de coton imprimées et des tapis. Le commerce, qui est très actif, consiste principalement en soie, coton, cire, vermillon, poudre, térébenthine, laudanum, storax, etc. Les terres environnantes sont très fertiles et les eaux abondantes.

Famagouste, autre place forte, fut pareillement assiégée par les Turcs, et ne se rendit aux vainqueurs que lorsqu'il ne resta plus de souris dans la ville pour nourrir les habitans. Elle obtint une capitulation honorable, mais les Turcs eurent la lâcheté de la fausser. Ils massacrèrent les officiers de la garnison, et firent écorcher vif le gouverneur. Sa peau salée, séchée et empaillée fut portée dans l'arsenal de Constantinople.

Au récit de tant d'horreurs, on se demande comment les peuples chrétiens ne se sont pas ligués pour venger un tel excès de barbarie, et chasser de l'Europe ces éternels ennemis de la chrétienté.

Famagouste est aujourd'hui d'un très difficile accès, en raison de la défiance des habitans. Un étranger qui serait surpris à regarder cette ville, même de loin, s'exposerait à des châtimens qu'il ne pourrait éviter qu'en se faisant Turc. Nous eûmes cependant la faculté d'y entrer à la suite du consul qui fit, à cette époque, sa visite au gouverneur, cérémonie qui n'a lieu qu'une fois l'an.

La place située sur la côte orientale de l'île, au penchant d'un rocher, est la résidence d'un aga, d'un cadi, et d'un gouverneur. On y compte environ deux mille habitans sans y comprendre la garnison. Cette ville, où il se fait un assez grand commerce en soie, n'a de remarquable que quelques édifices, et en particulier, sa mosquée de Sainte-Sophie, qui est grande et magnifique. La tour pointue qui la domine produit un assez bel effet. Les environs sont agréables; le pays est riche et abonde surtout en vers-à-soie. Les arbres dont il est orné sont presque tous des mûriers blancs; mais les sauterelles y font quelquefois d'étranges dégâts; et, dans ce cas, on a recours aux saints, aux processions et aux prières, qui toutefois ne font pas cesser la calamité.

A peu de distance de *Larnaca*, ville assez considérable, chef-lieu du commerce des Européens dans l'île, et résidence actuelle de leurs consuls, est une mosquée où les Turcs prétendent que repose l'aïeule de Mahomet. C'est là qu'ils viennent invoquer le grand nom de leur Prophète. Ils ne nous apprennent point comment elle fut emmenée en Chypre du fond de l'Arabie. La tradition n'en dit pas le mot, mais la foi musulmane y supplée.

Celle des chrétiens s'exerce, non loin de là, sur un autre objet. C'est une assez belle église grecque dédiée au Lazare, le même que Jésus-Christ ressuscita. Il fut, dit-on, enterré dans l'emplacement de cette église; et la preuve que l'on en donne, est un grand trou qui porte son nom.

Le mont Crocé est la plus haute montagne de l'île de Chypre. Sainte-Hélène en choisit le sommet pour y bâtir une église. C'est un édifice assez ordinaire, mais un morceau de la vraie croix y attire un concours de monde que la hauteur du lieu ne rebute point.

La fameuse madone de Chekka est située dans un canton délicieux. L'air des environs est parfumé de roses, de chèvrefeuilles, et de quantité d'arbrisseaux d'une odeur aromatique. Le couvent est bien décoré, et le *papa* qui le gouverne, le cède à peine à un évêque.

Sous le monastère est une grotte où l'on trouva une source d'eau qui sent la rose.

Les Turcs et les Grecs vont s'y baigner, en boivent, la regardent comme un remède efficace contre plusieurs sortes de maladies, et prétendent en avoir éprouvé des effets salutaires. N'est-ce pas le cas d'appliquer l'axiome : *La foi fait tout*.

Cithium, aujourd'hui Chiti, ville en ruines, est environnée d'une suite de jardins et de maisons de plaisance, arrosés de ruisseaux d'eau vive, distribuée par plusieurs canaux; les efforts de l'art le cèdent encore aux beautés de la nature qui étale dans ce canton toute sa parure et toutes ses graces, mais son plus grand mérite est d'avoir donné naissance à Zénon.

L'ancienne ville de *Chypre* est extrêmement déchue. Ce n'est plus qu'un chétif village environné d'édifices ruinés.

Non loin de là, est une montagne qu'on nomme le *mont Olympe*. Vénus y avait un temple; à la même place se trouvent les ruines d'une chapelle. Aux pieds du mont, est bâtie la ville de Lescara, près de laquelle se recueille le *laudanum*. La plante qui le porte, ressemble à la sauge, et ses fleurs sont de la couleur de la rose.

Le laudanum se vend en petits pains comme le jus de réglisse, entortillé comme de la petite bougie. Le plus fin s'amollit à la chaleur, s'enflamme aisément, et répand une odeur douce et agréable. Les femmes du pays, grecques et turques, en portent de petites boules en guise de bouquets. C'est aussi dans l'île de Chypre que se trouve l'amiante dont on tire de la toile incombustible.

Tout est vénal dans l'île de Chypre. Le meurtre y est absous moyennant un léger tribut. Toute fortune d'ailleurs y est incertaine. De là, ce découragement, cette indolence toujours suivie de la pauvreté.

Les laboureurs ne cultivent que la quantité de terrain suffisante pour les faire subsister. Ils dédaignent d'amasser des richesses dont ils ne sont pas assurés de jouir, et qu'ils seraient obligés d'enfouir. On voit des pères mourir sans avoir instruit leurs enfans du lieu qui cache leur trésor, parce qu'ils ont craint de le déclarer trop tôt; et cet excès de précaution réduit souvent le fils d'un homme riche à demander l'aumône.

L'exercice de la religion chrétienne est libre dans toute l'île. On y compte un archevêque, six évêques, plusieurs couvens et un grand nombre d'églises. Quelques-unes ont été changées en mosquées. A l'égard des prêtres, c'est le rituel grec qui les dirige. Toute leur science et même leur religion consiste à observer les jours de fête, et à s'abstenir de l'usage de la viande dans certains tems de l'année. Ils peuvent se marier autant de fois qu'ils deviennent veufs; mais les évêques et les moines ne peuvent se marier qu'une seule fois.

Le commerce, qui est ici très peu actif, consiste, pour l'extérieur, en soie, laine, garance, terre d'ombre, carouge et vins. Ce dernier objet est considérable ; c'est la production la plus précieuse du pays. Une autre dont l'usage n'est guère moins répandu, est le vermillon. Il vient surtout aux environs de Paphos.

Presque toutes les femmes de cette île sont belles, et les plus jolies ne doivent leurs charmes ni à l'art ni à la parure. Leur façon de se mettre n'est ni magnifique ni élégante. Elles ont sur la tête un mouchoir de soie brune ou grise, noué sans arrangement et sans coquetterie. Plus curieuses de montrer leurs jambes que leurs bras, elles portent des robes courtes avec de longues manches. Les plus riches sont vêtues de soie, les autres de laine ou de coton. Les hommes laissent croître leur barbe, se font couper les cheveux, et ont de très grands chapeaux.

L'île de *Rhodes*, que nous visitâmes ensuite, est à vingt milles de la terre ferme d'Asie, et peut avoir quarante milles de circuit. Elle a changé plusieurs fois de nom et de maître; elle fut d'abord appelée par les Grecs *Ophiuse*, pour exprimer la quantité prodigieuse de serpens dont elle est infestée. On la nomma ensuite *Asterie*, *Corimbie*, *Macarie*, et enfin *Rhodes*. On dit même que ce fameux colosse, qui passait autrefois pour une des sept merveilles du monde, lui fit donner le nom de *Colossa*. Vous savez ce que c'était que cette statue énorme; elle avait soixante-dix coudées de haut, et était si prodigieuse, qu'un homme eût eu de la peine à embrasser un de ses pouces. Charès, excellent sculpteur, employa douze années à la faire, et elle coûta des sommes immenses. Elle était posée sur la mer, ayant les jambes sur chacun des côtés du port, en sorte qu'un navire pouvait passer dessous, à voiles déployées.

Cette statue ne dura pas cinquante-six ans debout; un tremblement de terre la renversa et la fracassa. Vers le milieu du septième siècle, un soudan d'Égypte ayant vaincu les Rhodiens, fit emporter ce qu'il trouva des débris de ce colosse, et en chargea neuf cents chameaux. Nous ne vîmes donc plus que la place qu'il avait occupée.

La *ville de Rhodes* est la capitale de l'île. Phoronée, roi d'Argos, en fut le fondateur, plus de sept cents ans avant Jésus-Christ. Les Sarrasins la possédaient, lorsque les chevaliers de l'ordre de Saint-Jean de Jérusalem s'y établirent au quatorzième siècle, et prirent le nom de *chevaliers de Rhodes*. L'histoire est pleine des exploits de ces religieux militaires, et vous n'ignorez pas les siéges fameux qu'ils soutinrent contre les Turcs; ils repoussèrent Ottoman qui vint les assiéger avec cent mille hommes; mais ils ne purent résister à la fortune de Soliman II qui, les ayant attaqués avec une fois plus de monde et quatre cents vaisseaux, les força de se rendre, après six mois du siége le plus opiniâtre et le plus mémorable dont l'histoire fasse mention.

Rhodes est située sur un coteau près du rivage de la mer, et environnée d'une double enceinte de murailles défendues par plusieurs tours et bâtimens qui la rendent presque imprenable. Les Turcs n'ont rien changé aux fortifications; ils n'ont fait que convertir les églises en mosquées. On voit l'ancien palais du grand-maître, qui sert comme de château à la ville haute, sur laquelle il domine. C'est un grand édifice bâti de belles pierres de taille. Il semble être encore en son entier, et les dehors paraissent en bon état; mais en dedans, il est tout délabré par la négligence des Turcs, qui laissent tout périr. Ce palais ne sert plus aujourd'hui que de prison pour les gens de qualité, dont la conduite a déplu à la cour ottomane. Les maisons sont en grande partie ruinées ou inhabitées. Les édifices les plus remarquables, sont le palais du grand-maître, l'église de Saint-Jean, et un couvent. Le port est à demi comblé, et n'est guère fréquenté que par des barques.

Il y a une porte du côté de la mer pour entrer dans la ville; on la nomme *la porte Saint-George*. On y voit diverses inscriptions gravées sur la pierre. Il y en a une, entre autres, qui apprend que cette porte et les tours qui l'accompagnent ont été bâties par le grand-maître Pierre d'Aubusson. On voit à côté la tête d'un dragon attachée à une chaîne. Elle est de la grosseur et de la figure de celle d'un bœuf, et avec des cornes à peu près de même, mais son museau est plus court et plus pointu. C'est, dit-on, l'image de ce monstre fameux qui fut tué par un chevalier français dont l'histoire est connue, et qui fut depuis grand-maître de l'ordre.

Nous ne vîmes rien dans la ville de

Rhodes, et dans les environs, qui méritât une description particulière. On nous montra seulement une bourgade, qu'on nous dit être l'ancienne ville de *Lindes*, patrie d'Aristophane. Le terroir de Rhodes est fertile et abondant en pâturages; il produit quantité d'orangers, d'oliviers, et autres arbres qui sont toujours verts. L'air y est tempéré et n'est sujet à aucun nuage : aussi les anciens croyaient-ils que cette île était consacrée au soleil. On y compte aujourd'hui environ vingt mille habitans. Il y a des manufactures de camelots, de tapisseries, et des fabriques de savon. Son port est le principal arsenal du grand-seigneur pour l'armement de sa marine. L'île de Rhodes est la patrie de Cléobule, l'un des sept sages de la Grèce, de l'astronome Hipparque, et des poètes Timoléon et Alexandride.

En voyageant dans la Turquie d'Europe j'avais visité toutes les îles de la Grèce, et il n'entrait pas dans mon plan de parcourir de nouveau celles qui font partie de l'Asie ; mais, pour faire plaisir aux personnes avec lesquelles je me trouvais, je les ai accompagnées, et les notions nouvelles et plus étendues que j'ai recueillies m'ont dédommagé du temps que, sans cela, j'aurais regardé comme perdu. Nous gagnâmes d'abord l'île de *Cos*, patrie d'Hippocrate, l'oracle de la médecine. Cette île, nommée actuellement *Stan-cho*, offre de belles plantations de limoniers, mêlées de grands érables. Elle produit du vin muscat, des oranges, de l'huile et de la soie. Le célèbre peintre Appelle y a pris naissance. Sa capitale, du même nom que l'île, a un port défendu par une forteresse.

Pathmos est une île célèbre, en raison du séjour que y a fait Saint Jean. C'est là qu'il a composé son Apocalypse. La solitude et le morne silence qui y règnent en font un vrai lieu de méditation. Quoique l'île ait vingt à trente milles de circuit, on n'y trouve guère plus de trois à quatre cents habitans. Les arbres, les paysages, la verdure, y sont presque entièrement inconnus. Tout y inspire une mélancolie triste et de sombres rêveries. Les montagnes sont nues, les vallons arides; l'église de Saint-Jean est passablement grande et bien bâtie; mais elle excita moins notre curiosité que l'endroit où demeurait le saint apôtre. Le chemin qui y conduit est entre des rochers escarpés et difficiles. On arrive à un pauvre ermitage bâti sur la côte d'une montagne, à quelque distance d'un couvent de moines grecs. La chapelle est petite et ornée de peintures, qu'on nous dit être l'histoire du saint évangéliste. A quelques pas de là est un grand trou creusé dans le roc, dont la voûte est soutenue sur un pilier. C'était là, nous dit-on, la grotte du saint, et le lieu où il écrivit son livre mystérieux. Nous ne pûmes nous empêcher de sourire de la simplicité des bonnes gens qui nous servaient de guides; ils nous montrèrent, avec grand respect, plusieurs crevasses que le temps a pratiquées dans le rocher, et nous racontèrent sérieusement comment le Saint-Esprit entrait par ces fentes pour dicter à saint Jean ses divins mystères.

L'île de *Nicaria*, anciennement *Icari*, doit son nom au fils téméraire de Dédale, qui, s'étant trop approché du soleil, fondit la cire de ses ailes, et tomba dans les flots où il se noya. Cette île, qui a environ vingt milles de circuit, est belle et fertile, mais n'a point de port. Elle est traversée de l'est à l'ouest par une chaîne de montagnes couvertes de bois, et d'où sortent des sources abondantes dont l'eau est extrêmement pure. Ses habitans, au nombre de deux mille, sont si paresseux que presque toutes les terres restent en friche. Cependant on y récolte du froment, de l'orge, des figues, du miel et de la cire; et il s'y fait un commerce de planches de chêne, de pin et de bois à brûler. Une chose assez remarquable, c'est que les habitans de cette île sont très fiers, en dépit de leur pauvreté.

L'île de *Samos*, dont Mégalo-Chori, ou Cora, est la capitale, n'a point dégénéré, quant à la réputation dont elle jouissait chez les anciens. On y trouve des carrières de marbre, des mines d'or, d'argent, de plomb, de fer. Ses plaines sont riches et fécondes en blé, en vin et en fruits de toute espèce; le gibier, la volaille, l'huile, le miel et la soie y abondent. Cette île s'étend du levant au couchant, et compte vingt-huit lieues de circonférence. La tradition porte que Junon, à qui Samos était consacrée, y avait pris naissance, et qu'elle y fut mariée à Jupiter. Aussi, nous dit-on, qu'elle y avait un temple magnifique, où l'on célébrait tous les ans une fête au lieu de noces. Ce récit fit croire que nous découvririons quelques restes d'antiquités, et nous nous fîmes conduire à l'endroit où avait été l'ancienne Samos. Les ruines de cette ville sont si apparentes qu'il n'est pas possible de s'y tromper. Elles sont posées sur une montagne, aux environs de laquelle on trouve quantité de pierres et de tombeaux répandus de côté et d'autre.

Le Grec qui nous servait de guide nous fit remarquer, dans un monceau de ruines, les anciens restes du temple de Junon. C'est effectivement le seul endroit où l'on trouve des bases et des colonnes de marbre mutilées ; mais rien ne prouve que ces tristes débris aient fait partie de ce monument célèbre. Nous prîmes plus d'intérêt à suivre les traces d'un ancien aqueduc, bâti de briques si fortes et si dures que, depuis deux mille ans, elles sont aussi entières que si elles sortaient des mains de l'ouvrier. Nous ne vîmes aucun autre monument qui pût piquer la curiosité ; mais une chose qui frappe les étrangers, et surtout des Français accoutumés à l'élégante parure des femmes de son pays, c'est la malpropreté tout-à-fait dégoûtante, et l'extrême négligence du sexe de Samos, qui, sur ce point, est d'une indifférence et d'une paresse insoutenables.

Samos est recommandable dans l'histoire par la naissance qu'elle a donnée à un philosophe, à une sybille et à un tyran. L'un est le savant Pythagore, ce zélé partisan de la métempsychose ; la seconde est une de ces femmes célèbres à qui on attribuait la prédiction de la venue de Jésus-Christ; le troisième est ce fameux Polycrate qui, après avoir été comblé de prospérités, fit enfin la funeste expérience que nul ne doit être estimé parfaitement heureux avant sa mort. La ville capitale de Samos jouit de l'avantage d'un bon port. La population de l'île s'élève à peine à douze mille habitans.

La première île que nous abordâmes, en quittant Samos, est *Scio* (Chios), que les Turcs appellent *Saki-adasi* (île au mastic). C'est une des plus célèbres de l'Archipel, près de la côte d'Anatolie, et au nord de Samos. Elle a environ quinze lieues de largeur, sept de longueur, et quarante lieues de circonférence. Ses habitans ont été jadis fort puissans sur mer : ce qui ne les empêcha pas d'être successivement subjugués par les Athéniens, par les Spartiates, et enfin par les Romains. Ceux-ci possédèrent cette île jusqu'au temps des empereurs grecs qui la cédèrent aux Génois, auxquels les Turcs l'enlevèrent sous le règne de Sélim. Elle devait être bien florissante alors, car elle renfermait trente-six villes, qui sont à présent converties en autant de villages. Avant 1822, elle contenait encore soixante mille habitans ; mais quarante mille sont tombés depuis sous le fer des Turcs, qui ont mis l'île à feu et à sang, pour se venger sur ces malheureux de la part qu'ils avaient prise à l'insurrection des Grecs.

La capitale est grande et bien construite ; ses édifices sont régulièrement bâtis, et ont plusieurs étages. Son port est sûr, et son château, bien fortifié, commande la ville et toute la côte. La grande église est d'une architecture gothique fort agréable, mais l'intérieur est orné de peintures à la grecque, qui sont du plus mauvais goût. Ce sont des figures de saints arabes, au bas desquels est écrit le nom, précaution sans laquelle on ne s'en serait pas douté. Les seules antiquités remarquables dans toute l'île, sont les ruines d'un ancien bâtiment, situé dans un vallon obscur, à vingt milles de la capitale. Neptune avait été amoureux d'une nymphe de Scio ; et ce lieu favorable, plus qu'aucun autre, à ses amours, peut bien avoir été choisi dans la suite pour lui élever un temple.

Scio est une des villes de la Grèce qui se disputent la gloire d'avoir donné naissance au divin Homère. On nous fit voir un lieu où l'on assure que ce grand poète a reçu les premières leçons de son art. C'est une espèce de bassin d'environ vingt pieds de diamètre. On montre aussi la maison qu'il habitait, dit-on, lorsqu'il composa ses poésies. Ce même pays a été la patrie de plusieurs hommes célèbres, entre lesquels on compte Yon, poète tragique, l'historien Théopompe, et le sophiste Théocrite.

Peu d'îles sont aussi fertiles que celle de Scio; les montagnes même, dont elle est couverte dans la partie du nord, sont toutes cultivées; les orangers, les oliviers, y croissent en grand nombre. Ses vins, depuis long-temps célèbres, sont délicieux et forts. On laisse sécher les raisins pendant plusieurs jours après les avoir coupés, et on les porte ensuite au pressoir. Les montagnes renferment dans leur sein du marbre rouge, veiné de blanc, et de la pierre de taille d'une couleur rougeâtre.

Le lentisque, cet arbre qui produit le mastic, est commun dans ce pays. Il y en a de plusieurs espèces, suivant la nature du sol où ils naissent ; mais les plus estimés sont ceux de l'île de Scio ; il en vient une si grande quantité dans cette partie de l'archipel, que le grand-seigneur en retire tous les ans, plus de cent mille livres pesant de mastic. La culture de cet arbre consiste à le provigner. On a par ce moyen, beaucoup de jeunes pieds vigoureux, qui sont d'un meilleur rapport que les vieux. ils viennent aussi très bien de semences. Les Turcs qui les plantent au mois de janvier, les distribuent, par intervalles et en buissons, dans la campagne. Leurs feuilles, qu'ils ne quittent point pendant l'hiver, approchent beaucoup de celles du myrthe. Elles sont tendres, délicates, d'une odeur agréable, d'un goût acide, et d'une qualité astringente.

Le mastic est une gomme résineuse, qui coule du tronc, et des principales branches du lentisque, quelquefois d'elle-même, mais le plus souvent par les incisions que l'on fait à l'arbre en certains tems de l'année. Le mastic le plus estimé, est celui qui sort naturellement du lentisque. Il distille en petites larmes, qui grossissent peu à peu, et tombent enfin de leur propre poids. On a soin de tenir le terrain propre, afin que cette gomme précieuse ne contracte aucune saleté. Le plus beau, celui que les marchands appellent mastic mâle, doit être en petits grains clairs, transparens, d'un blanc tirant sur le citron, et d'une odeur aromatique. Il se casse net sous la dent, s'amollit à la chaleur comme la cire, et s'enflamme sur la braise. On désigne sous le nom de mastic femelle, celui qui est d'une qualité inférieure. On emploie l'un et l'autre intérieurement, pour fortifier l'estomac, arrêter les vomissemens et les diarrhées. On le fait entrer dans la composition de plusieurs vernis. On s'en sert dans l'Orient, pour pétrir du pain qui acquiert, avec le goût de cette gomme, une blancheur agréable à la vue.

Tout le mastic de la première récolte,

appartient au grand-seigneur, et doit être remis à l'officier chargé de le recueillir. Si quelqu'un était convaincu d'en avoir détourné la moindre portion, il serait dépouillé de ses biens, et condamné aux galères. Ce sont les femmes du sérail qui en consomment la plus grande partie; elles en mâchent presque continuellement, pour rendre leur haleine plus douce, et fortifier leurs gencives. On en brûle aussi dans des cassolettes. Les jeunes femmes, après l'avoir pétri avec la langue, le soufflent comme des bouteilles, qu'elles font crever ensuite entre leurs lèvres, avec grand bruit. Quand elles sont en compagnie, elles regardent comme une sorte de galanterie, d'approcher leur bouche du nez d'un homme, pour le surprendre par ce bruit, et lui faire sentir l'odeur du mastic.

Le gibier abonde dans toute l'étendue de l'île de Chios, et dans certains cantons les perdrix sont aussi communes et aussi privées que les poules. Plusieurs personnes prennent le soin de les élever, et les renvoient le matin dans les champs pour y chercher leur nourriture. Chaque famille confie les siennes à un gardien commun qui les ramasse le soir. S'il plaît à l'un des maîtres de faire revenir, avant l'heure ordinaire, celles qui lui appartiennent, il les appelle avec un sifflet, et à ce signal on les voit reprendre, sans aucun désordre, le chemin de leur maison.

Les belles carrières de jaspe, qu'on voyait anciennement dans ce territoire, étaient une des grandes richesses de l'île. Nous n'en vîmes que de marbre; mais ce marbre nous parut être de la plus grande beauté. Les habitans faisaient autrefois un commerce considérable d'exportation, qui consistait en étoffes de coton et de soie, en tissus d'or et d'argent, en velours, en térébenthine, oranges, citrons, etc.

Il n'est point d'île dans l'archipel, où l'on vive en plus grande liberté qu'à Scio, et où les femmes soient plus belles et plus aimables. Elles tiennent beaucoup des Italiennes, et particulièrement des Génoises. On peut les voir et leur parler; et les mœurs du pays leur laissent une facilité dont elles abusent rarement. Les habitans y sont fort civils, tant entre eux, qu'envers les étrangers. Ils ont aussi beaucoup de goût pour la musique; les soirées des fêtes se passent en divertissemens communs aux deux sexes, et se prolongent ordinairement jusqu'au jour.

Métélin, l'ancienne Lesbos, est une des plus grandes îles de ces contrées, des plus abondantes en fruits et en froment. Ses montagnes, du côté de l'orient, sont chargées de cyprès, de hêtres, et d'autres arbres propres à la construction des navires. Elle a quinze lieues de long, cinq de large, et quarante mille habitans, dont vingt mille sont grecs. La capitale, que l'on nomme *Castro*, occupe la place de l'ancienne Mitylène, dont elle conserve une quantité de vestiges. On trouve dans plusieurs quartiers de la ville des morceaux de marbre antiques, et un plus grand nombre encore dans la campagne. Ce sont des fragmens de colonnes canelées, des chapiteaux, des frises, et des bas-reliefs, que le temps et les Barbares ont défigurés.

On nous fit voir le lieu, où l'on dit que venait se plaindre, sur le bord de la mer, la malheureuse Sapho, rebutée des rigueurs de l'insensible Phaon. Mitylène a donné naissance à plusieurs autres grands personnages, tels que Pittacus, Alcée et Arion. Épicure et Aristote ont professé dans ses écoles, et les anciens n'ont parlé de cette ville qu'avec éloge. Les Lesbiens passaient aussi pour les plus grands musiciens du monde. C'est à un de ces insulaires nommé *Terpendre*, que la Grèce fut redevable de la lyre à sept cordes. Le philosophe Théophraste naquit aussi dans cette île, qui compte environ huit mille habitans.

Cette île est aussi la patrie de Barberousse.

Ténédos, très petite île en comparaison de Métélin, n'est éloignée que de cinq milles de la terre ferme. Les Turcs lui ont donné le nom de *Bogtcha-Adassi*. Sa figure presque ronde, et les diverses échancrures sur lesquelles la principale ville est bâtie, présentent de loin un coup-d'œil agréable. Elle n'a que cinq lieues de long, sur quatre de large, et doit toute son importance à sa situation, à l'embouchure de l'Hellespont. Les bâtimens destinés pour Constantinople trouvent toujours dans ses ports un refuge assuré contre les tempêtes. Cette île, avant la guerre de Troie, était très florissante. Elle fut fatale à cette capitale de l'Asie-Mineure, lorsque les Grecs, ennuyés d'un siége de dix ans, se retirèrent derrière Ténédos, attendant le signal qui devait annoncer la prise de la ville.

La vue d'un pays où s'étaient passés tant d'événemens mémorables, nous fit mettre pied à terre. Nous voulûmes voir de près la patrie d'Hector, et les champs où Troie avait existé ; mais quel fut notre étonnement, lorsque, cherchant le Xanthe et le Simoïs, on nous montra deux ruisseaux presque à sec. Nous vîmes parmi des broussailles et des masures quelques pièces de marbre, et un reste d'arcade, qu'on nous dit avoir fait partie du palais de Priam. Bientôt, il ne restera aucun vestige de cette ville fameuse, qui a partagé tout l'Olympe.

Nous étions trop près de Constantinople, pour ne pas nous rendre dans cette capitale de la Turquie. Il était même assez nécessaire d'y faire une station, ne fût-ce que pour aviser aux moyens les plus commodes et les plus sûrs de parcourir les provinces. Nous prîmes donc tous les renseignemens nécessaires, et après nous être munis de bonnes lettres de recommandation, nous nous disposâmes à visiter d'abord l'Anatolie, ou Asie-Mineure, grande presqu'île entre la Mer-Noire, la mer de Marmara et la Méditerranée. Cette péninsule, jadis très florissante, comprenait le Pont, au nord; l'Éolie, la Mysie, la Bythinie, la Paphlagonie, l'Ionie, la Lydie, la Phrygie, la Lycaonie, la Galatie, la Cappadoce, la petite Arménie, la Doride et la Carie, la Pamphilie et la Pisidie, l'Isaurie et la Cilicie au sud. L'Anatolie, aujourd'hui languissante et misérable sous la domination des Turcs, est divisée en trois grandes provinces sous les noms de Caramanie, d'Amasie et d'Aladulie, et gouvernée par un nombre de pachas proportionné à l'étendue plus ou moins grande de ces provinces.

LETTRE II.

Turquie d'Asie. — Anatolie, ou Asie-Mineure. — Pachalics divers. — Villes principales.

Après un court séjour dans la capitale de l'empire ottoman, nous nous sommes remis en route. Nos premiers pas se portèrent vers l'endroit où était autrefois la ville d'*Abid*, connue par le naufrage de Léandre. On voit encore sur le bord de la mer une petite tour appelée la *tour de Léandre*. Ce lieu n'est remarquable que par un puits d'eau douce consacré aux mânes de l'amant infortuné de la tendre Héro. Nous bûmes, à sa mémoire, de l'eau de ce puits qui nous rappelait la fontaine de Vaucluse et les amours de Pétrarque.

Vis-à-vis du château des Sept-Tours sont

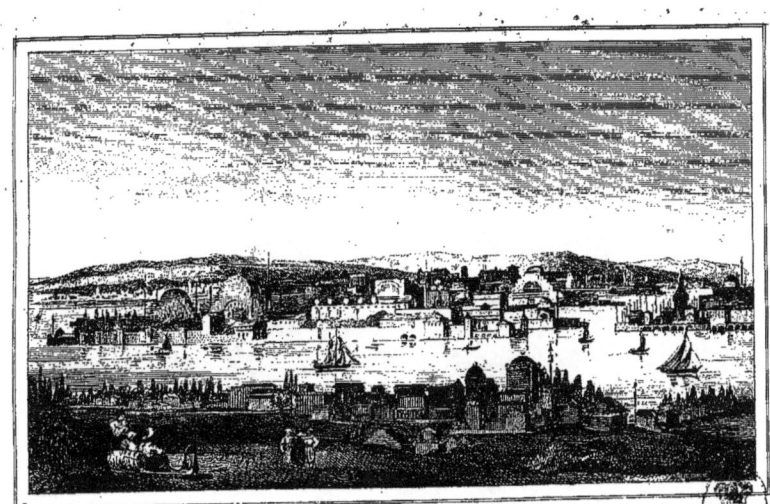

CONSTANTINOPLE.

les restes de l'ancienne *Calcédoine.* Cette ville, renommée par le quatrième concile général qui y fut tenu, n'est plus maintenant qu'un misérable village. *Scutari* se ressent de la magnificence de la capitale dont elle n'est séparée que par le Bosphore. Les anciens rois d'Illyrie y avaient établi leur cour; elle est aujourd'hui la résidence du pacha d'Albanie. On y voit une mosquée superbe, et de magnifiques tombeaux de marbre, entourés de cyprès. Cette ville compte environ 50,000 habitans; sa situation, vis-à-vis de Constantinople, est des plus agréables; on y trouve des fabriques de soieries et de toiles de coton. Le commerce y est assez actif, et il y vient des caravanes nombreuses de l'intérieur de l'Asie. C'est sur les hauteurs de Scutari que s'est donnée la célèbre bataille entre Constantin et Licinius, laquelle décida du sort de l'empire romain déjà sur sa ruine.

En suivant le rivage de la mer, nous

gagnâmes un petit village qui nous conduisit à *Isnik-Mid*, située sur la pente d'une montagne, à l'extrémité d'un golfe qui s'étend fort loin dans l'Asie. Cette ville, autrefois incendiée, fut bâtie par Nicomède, roi de Bythinie, allié du peuple romain : elle fut une des premières qui embrassèrent le christianisme; elle est devenue plus célèbre encore par la multitude des martyrs qui ont répandu leur sang pour le triomphe de leur foi. Ce fut dans cette même ville que mourut l'empereur Constantin-le-Grand. Ses ruines n'offrent plus rien qui puisse donner la moindre idée de son ancienne grandeur, encore moins de sa magnificence. Sa population actuelle se compose d'environ 700 familles; le pays qui l'entoure est charmant et pittoresque. Il est entrecoupé de montagnes et de vallées fertiles; on y voit de beaux vignobles, de jolis vergers, et des forêts superbes.

Après avoir traversé la rivière de Sangaria, qui est le Sangarius des anciens, nous poussâmes jusqu'à *Isnik*, l'ancienne Nicée; cette ville, appelée d'abord Antigonie, du nom d'Antigone, son fondateur, reçut dans la suite celui de Nicée que lui donna Lysimaque, pour plaire à sa femme qui s'appelait Nicéa. Sa magnificence et sa grandeur ne furent pas les seules choses qui rendirent cette ville célèbre. Ce qui a le plus contribué à lui donner cette célébrité dont elle jouit encore, ce sont les deux conciles généraux qui y ont été tenus, le premier, sous le règne de Constantin-le-Grand; l'autre, sous le pontificat d'Adrien Ier. Ces deux conciles l'ont immortalisée dans les fastes de l'Église. On y trouve encore une assez grande quantité de ruines très belles, et des murs construits par les Romains, lesquels ont acquis la solidité du roc, et ont sans doute résisté aux efforts des Barbares. Cette ville, située sur un lac qui communique avec la mer de Marmara, est le siége d'un archevêque grec. On y voit environ 300 maisons. Le commerce cependant y est assez considérable, et consiste principalement en soies, en vins et en faïence. Ses environs sont fertiles. Isnik est la patrie de l'astronome Hipparque.

A une journée de Nicée est *Boli*, capitale d'un petit canton de l'Anatolie. Cette ville portait, du temps des Romains, le nom d'Adrianopolis. Elle est située dans une belle plaine, environnée de hautes montagnes, couvertes de sapins, de platanes et de quantité d'arbres fruitiers. Boli est célèbre par ses bains d'eaux minérales qui sont dans un village éloigné de quatre milles vers le sud-est, et sont très fréquentés. La plaine de Boli renferme elle-même des eaux thermales que l'on y trouve en abondance.

Après avoir traversé de grandes plaines assez bien cultivées, nous arrivâmes à *Brousa*. Cette ville, appelée autrefois Burse ou Pruse, et située dans une vaste plaine, au pied du mont Olympe, fut, dit-on, fondée par Prusias, roi de Bythinie, dont elle était la capitale et le siége de l'empire ottoman avant la prise de Constantinople ; aujourd'hui elle est la résidence d'un muphti, d'un pacha, d'un aga et d'un cadi. On voit encore à Brousa les mêmes murailles que sous les empereurs grecs. Les Turcs se sont abstenus de les détruire par respect pour Orkan, le premier sultan qui mourut dans cette ville, et y est enterré. On nous montra le mausolée de ce prince dans une belle mosquée dont tout le chœur est de marbre.

La mosquée d'Aladin, une des curiosités de Brousa, est grande, carrée et bâtie en pierres de taille. La voûte est formée par vingt petits dômes d'égale hauteur, et d'une architecture solide et agréable. On en compte un grand nombre d'autres qui méritent d'être vues. Cette ville renferme un très beau sérail, des caravanserais, des églises grecques et arméniennes, des synagogues, des bains magnifiques, des fontaines très multipliées ; elle est environnée de beaux jardins arrosés par trois ruisseaux différens qui sont remplis de belles truites, et dont l'eau est à la fois claire et toujours abondante. Ces jardins sont ombragés de châtaigniers, de noyers, et de mûriers qui nourrissent une quantité immense de vers-à-soie.

Les habitans, au nombre d'environ 60,000, sont très industrieux : ils excellent à broder en or et en argent, sur le velours et sur d'autres étoffes précieuses; les sophas, les coussins, les tapis les plus estimés de la Turquie se fabriquent dans cette ville. La farine dont on fait le pain du grand-seigneur et des sultanes, est apportée toute moulue de cette province, et provient du blé qu'on recueille sur des terres qui appartiennent en propre au sultan. Ce blé passe pour le meilleur du Levant; et la manière de le moudre en Bythinie l'emporte sur celle qui est en usage à Constantinople même.

A une demi-lieue de Brousa, est un village où se trouvent des bains chauds fort renommés dans tous les environs. Les Turcs y ont construit plusieurs édifices, dont les moindres sont pavés et lambrissés de marbre. Le principal, appelé le *Grand-Bain*, est un bâtiment surmonté d'un dôme dans le genre de ceux des mosquées. Il est orné en dedans de marbre et de porphyre. L'eau qui coule naturellement dans les bassins est d'une chaleur si violente qu'on a été obligé d'y conduire un filet d'eau froide pour la rendre supportable. Ces bains sont très fréquentés dans toutes les saisons, et on les prend avec succès dans diverses maladies. Ils sont également salutaires pour les personnes qui jouissent d'une bonne santé. Nous eûmes le plaisir de nous y baigner. Les plus beaux bains des principales villes de la Turquie sont entièrement semblables à celui-ci; et, en vous le faisant connaître, j'aurai réussi à vous donner une idée juste de tous les autres.

Ce bain est composé de deux grandes salles couvertes en voûtes, embellies de tables et de colonnes de marbre varié. Chacune des salles a plusieurs petits cabinets destinés à différens usages; au milieu de la première est un grand bassin de porphyre, et dans un des angles est placé un fourneau qui sert à sécher le linge de ceux qui viennent se baigner. Le long des murs sont rangés, de distance en distance, plusieurs siéges couverts de tapis, sur lesquels on se place pour se deshabiller commodément. Quand on s'est bien lavé dans le bassin, on passe dans une petite salle fort chaude, où l'on sue tant qu'on le juge à propos. On va de là, dans la seconde pièce du bain, où est encore un bassin de marbre; et tout auprès, une large table de même matière, sur laquelle on se couche pour se faire tirer et étendre les membres. A cette opération en succède une autre, qui se fait dans un cabinet voisin, médiocrement échauffé. On se rase le poil par tout le corps, ou bien on le fait tomber avec une sorte de pâte appelée *Rusma*; après quoi, les mêmes valets qui vous ont étendu les jointures viennent vous frotter, depuis les pieds jusqu'à la tête, avec un morceau de flanelle ou de camelot. Il n'est pas de moyen plus propre à guérir les douleurs causées par ce que nous appelons le rhumatisme.

Loubadi, où nous n'arrivâmes qu'après deux journées de marche, n'est cependant qu'à seize lieues de Brousa. Cette ville, de figure carrée, est mal bâtie, et ne contient que très peu d'habitans. Ses murs, ou plutôt ses débris, laissent entrevoir quelques formes de bastions. Les morceaux de marbre dont ils sont incrustés, pourraient bien être les restes de la ville d'Apollonie. Nous traversâmes les belles plaines de la Mysie, et vînmes camper sur les bords du Granique. Cette rivière, le premier théâtre de la gloire d'Alexandre, et que la défaite de Darius a rendue aussi fameuse que le Tigre et l'Euphrate, était alors presque à sec. Nous la passâmes deux fois à gué, la première dans la Mysie, la seconde dans les champs phrygiens, à une journée et demie de Loubadi. Nous fîmes encore quatorze à quinze lieues, à travers des collines et des vallées jusqu'à Basculembei, gros bourg où il se fait un grand commerce de coton.

Nous avions fait route jusque là avec une compagnie de marchands ; nous nous en séparâmes pour visiter *Sardes* et *Thiatire* peu éloignés de la route de Smyrne. La ville de *Sardes*, cette célèbre capitale de la Lydie, a joué un grand rôle dans l'antiquité. Tout le monde sait comment Gigès fit mourir Candaule et s'empara de son trône. L'histoire de Crésus vaincu par Cyrus est ignorée de bien peu de monde. Sardes se rendit à Alexandre après la bataille du Granique, et passa successivement à différens maîtres après la mort de ce conquérant, jusqu'à ce qu'elle tombât sous le joug des Romains. Plusieurs empereurs favorisèrent cette ville de leurs bienfaits, ainsi que le témoignent diverses inscriptions qui subsistent encore. Elle fut une des sept églises citées dans l'Apocalypse. Le territoire de Sardes était renommé pour certaines productions. La pierre précieuse qui a retenu son nom, et que nous appellons sarde ou sardoine, y a été découverte; ce fut là qu'on en trouva les premières mines.

D'après ce qui reste des ruines de cette ancienne ville, on peut juger qu'elle était située sur le flanc septentrional, du mont Tmolus, et qu'elle dominait cette vaste plaine. Les Turcs ont conservé le nom de *Sart* au chétif village qui lui a succédé. Le plus beau monument qui reste de l'ancienne Sardes consiste dans les débris d'un temple construit par les Romains. On y voit encore cinq colonnes d'ordre ionique, d'une pierre froide de couleur d'ardoise et extrêmement dure. Elles sont environ trente pieds de hauteur, et soutiennent une corniche et un architrave. Aux environs, une infinité de pièces rondes, de la même pierre, indiquent que cet édifice était orné d'un grand nombre d'autres colonnes qui ont été successivement renversées. Après avoir visité ce lieu et examiné les autres ruines qui sont en grand nombre, ainsi que les inscriptions, nous gravîmes le mont Tmolus pour y voir la citadelle dont les restes subsistent encore. Nous trouvâmes plusieurs inscriptions qui prouvent qu'elle a été bâtie dans le moyen-âge.

Thiatire est ainsi que Sardes une des sept églises de l'Asie dont parle l'Apocalypse. Les apôtres y répandirent les lumières de l'Évangile. Les Turcs, après avoir détruit cette ville, en rebâtirent une nouvelle à laquelle ils donnèrent le nom de d'*Ak-hissar*. Celui de Thiatire ne subsiste plus que sur quelques marbres échappés à la destruction. Plusieurs inscriptions que nous y avons vues, ne laissent aucun doute sur le lieu où elle était bâtie. Elles prouvent aussi que Diane y était spécialement honorée. Quelques-unes sont attachées aux murailles, plusieurs sont placées de haut en bas, de façon qu'il est impossible de les lire. Celles que l'on a pu déchiffrer, ont été faites à la gloire de particuliers qui, dans l'exercice de leurs charges, ont bien mérité de la patrie.

Le caravanserai où nous étions logés conserve aussi des vestiges de quelque ancien monument. Ce sont des colonnes de marbre avec leurs bases et leurs chapiteaux. Elles ont été mises sans ordre et sans symétrie pour soutenir le bâtiment, et il paraît qu'on les a relevées et apportées dans ce lieu selon le besoin qu'on en avait. Les mosquées, les bains, les cimetières sont pareillement construits en partie de ces anciens marbres; mais la même confusion règne partout, et ils ne contribuent en rien à l'embellissement de la ville.

Ak-hissar contient environ quarante mille habitans qui font un commerce considérable de coton, de tapis et d'opium, et sont généralement dans l'aisance. Cette ville est arrosée par sept ruisseaux qui s'échappent de l'Hermus, se partagent dans différentes rues et se rejoignent à son extrémité. Nous ne restâmes que quelques jours dans cette ville qui n'offrait aucun aliment à la curiosité; nous passâmes ensuite l'Hermus qui prend sa source dans la Phrygie, arrose la campagne de Smyrne, et se décharge dans la mer Phocide, après avoir joint ses eaux à celles du Pactole. Ces deux fleuves ont singulièrement dégénéré, car si l'on en croit les poètes ils roulaient l'un et l'autre des paillettes d'or. La fertilité du pays a sans doute donné lieu à cette fiction.

A une demi-lieue de l'Hermus est la ville de *Magnisa* ou *Manachie*, l'ancienne Magnésie que les Grecs appelaient *Magnetes*, à cause des mines d'aimant qui y étaient abondantes. C'est le seul endroit de la Turquie où il y ait une maison pour les fous. On y renferme tous ceux qu'on y amène de toutes les parties de l'empire. Elle est située dans la Carie au pied du mont Sypile où Scipion l'Africain défit Antiochus, roi de Syrie. La ville est grande, bien bâtie et très peuplée. On y voyait autrefois un temple magnifique de Diane Leucophryne, dont il ne reste aucun vestige. Cette ville renferme cependant un château, de beaux bazars, quelques mosquées assez belles, des hôpitaux, etc. Son commerce est considérable, car indépendamment des avantages que lui procure le voisinage de Smyrne qui n'est qu'à huit lieues de distance, son territoire est très fertile et produit une grande quantité de coton et de froment. Nous ne quittâmes cette ville que pour nous rendre directement à *Smyrne*.

Cette grande cité est une des plus anciennes de l'Orient. Une Amazon, appelée Smyrna, en fut dit-on la fondatrice. Les

Lydiens l'ayant prise et détruite, Alexandre-le-Grand, d'autres disent Antigonus, fit rebâtir une autre ville à deux lieues de la première. Elle fut souvent ruinée depuis par les fréquens tremblemens de terre auxquels elle est exposée; mais sa position avantageuse et son port favorable au commerce ont engagé les rois et les empereurs à la rétablir. Elle est située sur la pente d'une colline, au fond d'une grande baie de l'Archipel, le long de laquelle elle s'étend l'espace de huit cents toises. C'est une des plus belles, des plus grandes et des plus florissantes du Levant, dont elle est la première échelle. Le golfe qui lui sert de port est le centre du commerce de l'Europe et de l'Asie. Il a huit lieues et demie de circuit, et les vaisseaux y sont partout à l'abri des tempêtes. Cette ville compte environ cent vingt mille habitans, Turcs, Grecs, Juifs, Arméniens et Francs. On y voit un collége grec, des bazars nombreux, deux superbes caravanserais, des boutiques bâties en voûte et fort belles, un concours prodigieux de marchands et des comptoirs de presque toutes les nations européennes. On y voit aussi des maisons magnifiques le long de la mer avec des pavillons et des jardins.

Nous logeâmes chez un juif des plus riches de la ville, à qui nous avions été recommandés. Ce bon Israélite nous traita civilement, et nous ne le quittâmes qu'avec la persuasion qu'on peut trouver chez cette nation de la générosité et même de la politesse. Durant le temps que nous restâmes à Smyrne nous fîmes une partie de promenade sur la rade, et nous y fûmes témoins d'un accident aussi singulier que malheureux. Un matelot qui se baignait dans la mer eut la jambe emportée par un marsouin. Peut-être que dans la posture où l'animal le vit nager, il le prit pour un poisson d'une autre espèce que la sienne; car il passe pour être fort ami de l'homme, et il se plaît à venir jouer auprès des vaisseaux. Le marsouin est le cochon de mer, il aime à prendre l'air et à sauter hors de l'eau, mais d'un saut lent et posé, comme s'il voulait donner aux gens de l'équipage la facilité de le considérer à loisir. La tête paraît d'abord, on aperçoit ensuite le corps courbé en forme d'arc, la queue est la dernière qu'on voit en l'air, lorsque la tête et le corps sont déjà replongés dans la mer. En faisant ainsi des sauts de distance en distance il tombe ordinairement vers l'endroit d'où le vent doit venir, et les marins se règlent là-dessus pour juger, dans la bonace, de quel côté il viendra effectivement. Il y a une si grande quantité de marsouins dans le port de Smyrne, que quelquefois, en sautant à la queue l'un de l'autre, ils retombent dans les bateaux qui traversent, et deviennent la proie des mariniers.

Nous vîmes un de ces poissons qui venait d'être pris et tué. Il avait huit à dix pieds de longueur, son corps était de la grosseur d'un homme, il pesait environ quatre cents livres, et avait quarante-deux dents à chaque mâchoire; sa peau était sans écailles, sa tête longue, ses yeux assez petits, à peu près comme ceux d'un cochon.

Cet animal a sur le cou une ouverture par laquelle il respire. On le dépouilla et on tira deux bandes de lard ou d'une graisse ferme de trois pouces d'épaisseur, et qui étant fondues produisirent une quantité d'huile considérable. On mange aussi sa chair, mais elle est fade et insipide.

La majeure partie des habitans de Smyrne se compose de marchands dont quelques-uns y ont amassé des richesses immenses. Le bazar est un des édifices les plus curieux ; il est très vaste, long de plus de cent soixante toises, et percé de plusieurs petits dômes qui donnent entrée à la lumière. La voûte ainsi que les murs, sont de pierre de taille. On trouve dans ce marché tout ce que l'Orient et l'Occident ont de plus précieux. Les caravanes y apportent du coton filé, des toisons soyeuses d'Angora, des tapis de Perse, de la soie, du fil de chanvre, des éponges, des laines de chevreau, des camelots, des drogues de toute espèce, du mastic, de la térébenthine de Scio, de la cire, des figues, de beaux raisins secs. Les marchands de l'Inde y apportent des diamans, des perles, des pierres précieuses. Les vaisseaux y importent des piastres, des draps, des serges, des bonnets, du papier, de la cochenille, du tartre, du verdet, de l'indigo, de l'étain, du plomb, du bois de teinture, des épiceries, du sucre. On y voit des parfums d'Arabie, du vernis, des porcelaines de la Chine, enfin tout y abonde. Smyrne serait peut-être une des plus belles et des plus puissantes villes du monde, si les tremblemens de terre, la peste et les incendies n'y faisaient d'étranges ravages. On dit qu'avant le dernier tremblement qui arriva, toutes les rues étaient larges, bien percées et coupées à angles droits.

Celle qu'on appelle *la rue des Francs*, où logent les Européens, surpassait en beauté toutes les autres, elle est encore aujourd'hui la plus belle; mais les maisons n'en sont pas à beaucoup près aussi grandes ni aussi régulières qu'elles étaient alors.

Le caravanserai qui est près du bazar est grand et majestueux. Il est aussi bâti en pierres de taille, et contient une infinité de chambres et d'appartemens bien distribués. Les deux édifices, situés sur le penchant d'une colline et montant à la forteresse, ont été construits des débris d'un théâtre antique qui faisait un des monumens les plus curieux de la ville, il était de marbre blanc et d'une très belle architecture. Nous vîmes aussi l'emplacement de l'ancien cirque ou *stadium*. Il est creusé profondément dans la montagne, au couchant de la citadelle. Sa longueur est d'environ cent toises sur dix-huit de largeur.

A l'extrémité de la ville la plus proche

du port, on voit, en grosses pierres, une espèce de portique où était, dit-on, la statue d'Homère qui, selon l'opinion la plus commune, prit naissance dans Smyrne. Le nom de *Mélésigènes*, donné à ce grand poète, vient de la rivière de Mélès qui borde les murs de cette ville. Une jeune aventurière nommée Chritéis, eut, à ce qu'on rapporte, le malheur d'être chassée de la ville de Cumes pour une faiblesse peut-être excusable aux yeux des indulgens, mais que les rigoristes qualifient de faute impardonnable. Un reste de pudeur l'empêcha de chercher des secours que sa beauté aurait pu lui procurer. Elle erra pendant quelque temps dans la campagne, se nourrissant de fruits et de racines, et mit au monde un fils sur les bords du Mélès. L'enfant devint aveugle dans la suite, et pour cette raison fut appelé *Homère*. Les Grecs de Smyrne embellissent cette histoire de quantité de traits qui prouvent combien ils sont jaloux de la gloire d'avoir pour compatriote le père des poètes. Ils se vantent aussi d'avoir eu pour évêque saint Polycarpe qui a écrit sur l'Apocalypse.

Les Turcs forment à peu près la moitié de la population de cette ville ; les Grecs le tiers; le reste se compose de Juifs, d'Arméniens et de Francs, nom que les Turcs, donnent indifféremment à tous les étrangers européens qui habitent leur empire. On souffre ici toutes les religions. Le même quartier vous offre indistinctement un temple, une église, une mosquée et une synagogue. Vous voyez que ces Turcs, tout en nous qualifiant de *chiens de chrétiens*, nous donnent le plus bel exemple de tolérance.

L'agriculture n'est pas moins en honneur à Smyrne que le commerce. Les campagnes sont bien cultivées, et la terre produit en abondance du blé, du coton, du vin et des olives. La viande, le poisson, le gibier, et toutes les denrées nécessaires à la vie y sont excellentes et généralement à très bas prix, non-seulement pour les habitans, mais pour les étrangers que le commerce y amène en grand nombre.

On trouve dans les ruines de l'ancienne ville, l'animal singulier appelé *caméléon*. Notre hôte nous mena chez un caloyer ou prêtre grec, de ses amis, qui en avait rassemblé plusieurs. Nous les observâmes avec beaucoup d'attention et fûmes témoins des changemens qu'ils contractent. Ils prennent plus aisément les couleurs foncées, telles que le vert, le brun, le noir et le pourpre. Le plus souvent ces couleurs sont confondues et nuancées de taches rouges et blanches. Le caloyer nous fit remarquer que ces changemens sont plus ou moins sensibles selon qu'on irrite plus ou moins l'animal. Il est cependant certain que sur un gazon il devient d'un beau vert: et que si on le met ensuite sur une pièce de toile blanche, la couleur verte s'éclaircit et est tachetée de blanc en plusieurs endroits. Le caméléon est à peu près de la figure d'un grand lézard, il a les jambes plus longues et les épaules plus relevées. Sa tête n'a aucun mouvement, mais il a les yeux d'une vivacité surprenante. Il se nourrit de mouches qui s'attachent à une sorte de glu qu'il a sur la langue.

Nous étions trop près d'Éphèse, qui n'est éloignée de Smyrne que d'une journée et demie, pour ne pas y faire une excursion. Nous traversâmes les rochers du mont Mimas, par un chemin que saint Paul coupa, dit-on, de son épée, et le lendemain, nous nous trouvâmes à la vue d'Éphèse sur les bords du *Caistre*. Cette petite rivière est parfaitement semblable au Méandre. Elle roule ses eaux transparentes dans une belle plaine qu'elle fertilise, et fait mille replis sur elle-même. Les cygnes ont quitté le Caistre depuis que les Grecs n'ont plus de poètes.

En approchant d'*Éphèse* on est frappé

d'admiration. La quantité prodigieuse de marbres, dont la plaine est couverte, rappelle à l'esprit la splendeur originelle de cette ville fameuse qui, réduite aujourd'hui à une forteresse, ne présente à l'œil étonné qu'un méchant village à peine habité. Si je ne craignais de paraître trop savant, je dirais qu'Éphèse fut fondée par les Amazones, et considérablement agrandie et embellie par Andronic, fils de Codrus; que l'architecte Ctésiphon commença la construction de ce fameux temple de Diane qui passait pour une des sept merveilles du monde; qu'on employa deux cents ans à le bâtir, et que toutes les villes de l'Asie-Mineure contribuèrent aux frais de cet édifice. Il avait, dit-on, quatre cent vingt pieds de long sur deux cent vingt de large. Il était orné de cent vingt colonnes hautes de soixante pieds; et ce qu'elles avaient de plus remarquable, c'est qu'elles avaient été élevées par cent vingt-sept rois. L'insensé Érostrate, dans le dessein de s'immortaliser par un crime éclatant, mit le feu à ce temple la nuit même que naquit Alexandre. Les Ioniens qui excellaient dans l'architecture, et auxquels cet art dut l'invention de ses ordres, s'étaient surpassés eux-mêmes dans la construction de ce monument

Ephèse est encore célèbre par le troisième concile qui y fut tenu au cinquième siècle, à l'occasion de Nestorius, qui n'admettait qu'une nature en Jésus-Christ. Le village qui remplace cette ville, est appelé par les Turcs, *Ayasaluc;* il est assis au milieu d'une infinité de débris précieux, où l'on rencontre à chaque pas des pièces de statues, des chapiteaux, des bases de colonnes. Dans ces lieux même, où l'église condamnait avec tant de zèle ceux qui brisaient les images, on ne trouve partout que des images mutilées des dieux de l'antiquité.

C'est à travers ces ruines que nous arrivâmes à la grotte des **Sept-Dormans**, qui est au bas de la montagne, du côté du temple de Diane. On raconte que sept chrétiens, fuyant la persécution exercée par l'empereur Dioclétien, se retirèrent dans cette grotte, où ils s'endormirent d'un sommeil si profond, qu'il dura deux cents ans. A leur réveil, ils trouvèrent les choses si changées à Éphèse, qu'ils ne reconnaissaient plus les monumens et n'entendaient plus la langue de leur pays.

De la grotte des Sept-Dormans, nous allâmes visiter le temple de Diane, qui est proche. Il n'en reste plus que les fondemens, dans lesquels nous descendîmes avec beaucoup de peine, parce que le terrain est fangeux et humide. Nous nous trouvâmes bientôt sous une si grande multitude de voûtes, que nous eussions couru le risque de nous égarer, si nous n'avions été accompagnés d'un guide qui en connaissait parfaitement tous les détours. Mais les chauve-souris dont ces lieux souterrains sont remplis, et que la lumière de nos flambeaux attirait sur nous, précipitèrent notre retraite.

Kara-Hissar, que nous vîmes ensuite, est bâtie au point où la chaîne du Kalder-Dagh tourne au nord. Cette ville, qui contient environ douze mille familles, est assez bien bâtie pour une ville turque. Ses rues sont cependant étroites, et dans quelques endroits difficiles à gravir. Kara-Hissar est une place fortifiée. Elle fut dans son origine le premier domaine d'Othman, fondateur de l'empire turc. Elle est le chef-lieu du pachalic de son nom. On y voit de belles mosquées, des manufactures de draps, de tapis, d'armes de toute espèce; ses fabriques de feutre noir, lui donnent une sorte de célébrité. Son territoire produit une très grande quantité d'opium, denrée précieuse en Turquie, où l'on en fait un fréquent usage.

Kutaïeh, où nous arrivâmes après une marche aussi ennuyeuse que pénible, est une grande ville, capitale du pachalic de ce nom. Elle est située en partie sur la pointe d'une montagne, en partie sur le bord d'une plaine fertile. Les maisons sont grandes et jolies. Le château qui a dû être fort, occupe l'emplacement de l'ancienne *Cotioeum*. On voit dans cette place de belles fontaines, des bains publics au nombre de trente, cinquante mosquées, plusieurs églises, vingt caravanserais. Tous ces édifices sont fort beaux, et méritent d'être vus. On compte dans Kutaieh cinquante à soixante mille habitans.

Sur le golfe de *Satalie,* est une ville du même nom qui fut jadis grande et très forte, et qui, ainsi que toutes les places soumises au despotisme de la Turquie, est aujourd'hui bien déchue de son premier état. Elle est située au pied d'une forêt d'orangers et de citronniers, et adossée à une colline. Ses rues s'élèvent en amphithéâtre, les fortifications y sont encore en assez bon état; mais les maisons particulières paraissent tout-à-fait négligées. Le seul édifice public digne de remarque, est une mosquée véritablement belle, et qui contraste singulièrement avec le reste de la ville. Le port, fermé par deux jetées, est rétréci et très dangereux. Les habitans sont presque tous grecs ; le nombre s'élève tout au plus à dix mille. Les environs de cette place sont fertiles, surtout en citronniers et en orangers. Elle est assez florissante par le commerce d'exportation qui consiste principalement en fruits, laine, coton, opium, et surtout en cire jaune la plus estimée du Levant.

Konieh, l'ancienne *Iconium*, située à l'extrémité d'une plaine immense, et dans le voisinage de montagnes toujours couvertes de neige, est le chef-lieu d'un pachalic. Elle est entourée de murailles, et a une citadelle en très mauvais état. Cette ville est bien déchue de ce qu'elle était à l'époque où les sultans ottomans y faisaient leur résidence. Cependant on y compte encore environ trente mille habitans. Elle est grande; le nombre de ses mosquées, leur situation pittoresque, ses colléges, et divers autres édifices publics lui donnent un aspect imposant. Mais ces bâtimens superbes tombent en ruines, autant par la négligence que par l'avarice des gouverneurs. Les maisons des particuliers offrent un mélange de huttes construites en briques séchées au soleil, et de misérables chaumières couvertes de roseaux. Les murs de la ville paraissent avoir eté construits avec les débris des monumens anciens. Il se fait dans cette ville un commerce assez actif en soieries. Ses environs abondent en fruits excellens. Le territoire produit des olives, du riz, du coton, et malgré ces avantages, le pays est généralement misérable. Les chaleurs de l'été sont si grandes, que les habitans sont obligés d'abandonner leurs villages et de se retirer dans les montagnes où ils respirent un air plus salubre.

Angora, ville renommée pour la finesse du poil de ses chèvres, et située sur le ruisseau de Tabana, compte environ trente mille habitans dans son sein. La plupart sont Arméniens. Les rues y sont larges, et pavées d'assez grands morceaux de granit. On y voit d'assez beaux restes d'antiquité, entre autres, le fameux temple construit en l'honneur de l'empereur Auguste. C'est de son règne que date la grandeur de cette ville, qui, auparavant, était peu considérable. Elle est ceinte d'une forte muraille, et l'on remarque sur plusieurs portes des inscriptions grecques. Plusieurs conciles ont été tenus à Angora qui portait autrefois le nom d'*Ancyre*. Le peuple y est plus doux et plus policé que dans aucune autre ville de l'Anatolie. Un archevêque grec y fait sa résidence. Le commerce n'y manque pas d'une certaine activité. Il consiste en poils de chèvre, en schalls, en camelot et en soieries qui se fabriquent dans la ville même. C'est près d'Angora, que Tamerlan vainquit Bajazet en l'année 1402.

A moitié chemin, entre Angora et Tokat, résidait un pacha qui, contrairement à l'usage des autres fonctionnaires du même rang, se faisait adorer des peuples soumis à son autorité. *Ieuzgatt*, sa capitale, qu'il a presque entièrement bâtie, est située dans une vallée profonde, et renfermait près de seize mille habitans, dont le nombre s'accroissait sans cesse de la désertion des peuples voisins que la bonté de son gouvernement attirait. L'ordre qu'il avait établi dans son pachalic, la justice rendue à chacun avec la plus stricte équité, l'impôt fixé de manière à ne point léser les contribuables, et la certitude de conserver le fruit de ses travaux, avait changé un territoire, naguère inculte, en un pays fertile. C'en fut assez pour exciter la jalousie des autres pachas, qui trouvèrent plus facile de perdre cet homme estimable que de l'imiter. Son palais était vaste et magnifique, et il avait trouvé moyen de l'embellir et de l'orner sans fouler le peuple, confié à ses soins. Ce palais leur a servi de prétexte pour le présenter à la cour comme un sujet à craindre.

Un prince, vraiment digne de régner, aurait pris des informations sur la conduite de ce pacha, et la voix du peuple lui aurait appris qu'il ne méritait que des éloges. Mais un monarque insouciant, accoutumé à s'en rapporter à des ministres et à des courtisans qui se font un jeu de le tromper, qui s'occupe lâchement de ses plaisirs, et sacrifie le bien général à une poignée de misérables qui l'entourent et qui l'encensent, ne cherche point les occasions de connaître la vérité; il les fuit au contraire, et laisse commettre sous son nom toute espèce d'injustices. C'est ainsi que sur une simple délation, le pacha le plus digne d'éloges fut dépouillé de son gouvernement; toute sa famille a été enveloppée dans sa disgrace, et ceux qui l'avaient desservi ont été mis en possession de ses dépouilles.

Nous étions à *Kastamouni,* quand nous apprîmes la nouvelle de disgrace. Cette ville, ancienne capitale de la Paphlagonie, fit, sous l'empire grec, partie des domaines patrimoniaux de la maison des Comnènes. Elle est située dans un enfoncement au centre duquel s'élève, à une hauteur considérable, un rocher à pic couronné d'une forteresse en ruines. Kastamouni, aujourd'hui capitale du Sangiakat de ce nom, et toute peuplée de Turcs, voit fleurir, dans ses remparts, divers genres d'industrie. On y fabrique principalement de la vaisselle de cuivre, dont il y a des mines assez abondantes dans son territoire. La population y est évaluée à cinquante mille habitans, mais je la crois exagérée.

Avant d'arriver au cap Karampé, pointe septentrionale de l'Asie Mineure, on trouve la célèbre ville de *Sinope*, située sur un isthme, couverte au nord par une presqu'île, et ayant à l'est une excellente rade avec des chantiers pour la marine. Cette ville autrefois très florissante, et ancienne station de la flotte turque, n'a guère que cinq mille habitans, nombre auquel elle se trouve réduite par suite des émigrations des Grecs. On y fait des chargemens de bois de construction et de charpente. Ses autres objets d'exportation consistent en goudron, riz, peaux, étoffes de soie et indiennes, toiles, fruits, etc. On trouve encore quelques débris de son ancienne splendeur mêlés avec la pierre brute dans ses murailles. Elle porte aujourd'hui le nom de Sinub. L'ancienne Sinope fut fondée par une princesse des Amazones; elle fut le séjour des rois de Pont, quand ils eurent soumis ce pays. Mithridate et Diogène y reçurent la naissance.

Samsoun est une des villes turques qui se présente avec le plus d'avantages, en raison de sa position à l'extrémité occidentale d'une baie de la Mer-Noire, qui peut avoir quatre milles de longueur. Samsoun est entourée d'une muraille qui tombe en ruine ; ses maisons en bois, couvertes de plâtre, et crépies à blanc, offrent un aspect assez agréable, lorsqu'on les aperçoit de loin entre les arbres et la mer. Cette ville, qu'on ne peut plus regarder que comme un bourg, a remplacé *Amisus* qui, après Sinope, était la plus riche du Pont. Mithridate, roi de Pont, l'habitait souvent. Du côté de la mer, on retrouve encore les vestiges d'une muraille ancienne, dont une partie est couverte par les vagues. On y voit fort peu d'antiquités. Samsoun serait probablement nulle, si elle n'avait une rade par où l'on exporte les cuivres de Tokat, les soies et les toiles d'Amasie, et même les cotons d'Adana qui vont en Crimée. La population de ce bourg s'élève à deux mille individus.

Nous ne fîmes que passer à *Ounieh*, l'ancienne *Ocnoé*, dont les habitans, placés dans un territoire stérile, se livrent à un cabotage fort actif, soit avec les ports russes, soit avec la côte des Abases. Cette ville, dépendante du pachalic de Sivas, se présente aux regards au milieu de beaux vergers. Elle est agréablement située, près de l'embouchure d'une rivière de son nom dans la Mer-Noire. Elle fait un grand commerce de chanvres, de soies, de cuirs de bœufs et de buffles, et tire un parti très avantageux du bel alun de roche, seul produit de son territoire.

Une des villes les plus remarquables de la Turquie asiatique, celle où nous fîmes le plus long séjour depuis notre départ de Constantinople, est *Amasia*, dans la province de Sivas. On croit qu'elle fut ainsi appelée du nom d'une princesse qui en possédait la souveraineté. Cette ville est dans un beau vallon, entourée de collines et de montagnes fort élevées. Les maisons y sont plus belles qu'à Constantinople, mais les édifices publics y sont moins vastes et moins somptueux; l'air y est vif et salubre, le peuple spirituel et poli. Ce territoire abonde en fruits, en grains et en raisins excellens. Toute la campagne est couverte de vergers et de jardins qui ajoutent à l'agrément de cette ville. On nous fit voir un chemin taillé dans le roc sur une montagne voisine. Cet ouvrage a dû coûter des peines et des travaux immenses. Amasia est la patrie de Strabon, géographe habile et judicieux historien, qui florissait du temps de l'empereur Auguste. Le commerce de cette ville est assez considérable, et consiste en blé, en poils de chèvre et en cuivre. On y voit des fabriques de soieries et de toiles peintes. La population s'élève à trente mille habitans, la plupart chrétiens.

Au sortir d'Amasie, nous nous mîmes en route pour aller à *Tokat*, autre ville de la province de Sivas. Cette ville appartient à une princesse de la famille du grand-seigneur, et est gouvernée par un waivode. Elle est la résidence d'un cadi et d'un aga, et le siége d'un archevêque grec. C'est une des places les plus peuplées et des plus commerçantes de la Turquie asiatique. On y compte environ soixante mille habitans turcs, arméniens ou grecs. Elle fait un commerce fort étendu, par caravanes, avec diverses parties de l'Asie-Mineure, le Diarbékir, Sinope, Brouza et Smyrne. On y voit des fabriques de chaudronneries, de toiles peintes, de soieries, de maroquin bleu. Cette ville tire aussi de grandes richesses des toiles des Indes qui lui viennent de l'Arabie; elle a dans ses environs de vastes forêts de sapins et de pins, et son territoire produit du vin et des fruits d'une excellente qualité.

Il nous a fallu traverser plusieurs montagnes couvertes de pins, et essuyer bien des fatigues avant d'arriver à *Sivas*, résidence d'un pacha, pour qui nous avions une lettre de recommandation qui nous valut une bonne réception. Nous fûmes logés dans son palais, où nous eûmes à souhait tout ce qui pouvait nous être nécessaire et agréable. L'autorité du gouverneur d'un pachalic est d'une grande importance, et lui fait jouer un très grand rôle. Non-seulement il y commande en maître, mais il inflige des peines capitales à ses administrés. C'est une espèce de vice-sultan qui, le plus souvent, abuse de sa puissance pour vexer le peuple, en tirer le plus d'argent possible et accumuler des trésors.

La ville de *Sivas*, située dans une plaine assez belle, sur la rivière appelée Kizil-irmak, et à peu de distance de sa source, est le chef-lieu du pachalic de son nom. Elle est sale et n'a que des rues étroites. Les murs qui l'environnaient autrefois sont entièrement ruinés. Elle est bien déchue de ce qu'elle était avant qu'elle eût été ravagée par Tamerlan, qui y vainquit et fit prisonnier Bajazet. On y fait cependant un commerce assez actif, surtout en coton. Le voisinage de l'Arabie y attire les caravanes qui viennent de Bagdad ou de Constantinople. Sivas renferme environ deux mille maisons. Il est remarquable que ce pachalic, par un caprice du destin, a conservé le grand nom de *Roum*, ou *pays des Romains*.

Kaisariéh, l'ancienne Césarée de Cappadoce, nous appelait dans la Caramanie. C'est une grande ville, située au pied du mont Ardahis, dans une belle plaine très fertile, et près de la rivière de Koremos. Les bâtimens particuliers et les édifices publics sont loin de répondre à l'étendue de la ville. Cependant elle est assez bien peuplée, et les habitans, en grande partie, sont livrés au commerce, qui est très considérable, surtout en coton et en maroquin. Les environs offrent, pour principal objet de curiosité, des montagnes percées de grottes, qui ont probablement servi de demeure d'été aux anciens habitans de ce pays. Cette manière de se loger, pendant les grandes chaleurs, a été commune à beaucoup de peuples. Non loin de Césarée, dans les environs d'Yrkup, on voit un assez grand nombre de petites pyramides, munies de portes et de fenêtres. Elles sont absolument inoccupées, et l'on n'a pas pu nous dire le motif qui a donné lieu à leur construction.

L'occasion d'une compagnie de voyageurs nous mit à même de parcourir le pays connu sous le nom d'*Aladulie*, ou *Marash*. C'est une province considérable, entre Amasie et la Méditerranée, à l'est de la Caramanie. Cette contrée, qui portait anciennement le nom de Petite-Arménie, est presque impraticable à cause des montagnes dont elle est hérissée. Elle est d'ailleurs habitée par un peuple guerrier et voleur. Les pâturages y sont excellens, et on y élève de fort beaux chevaux et un grand nombre de chameaux. Les villes principales sont *Adana*, qui compte six mille habitans, et est la résidence d'un pacha ; *Malatia*, l'ancienne Mélitène, et autrefois ville principale de la Petite-Arménie, qui renferme douze à quinze cents maisons, et *Marash*, qui n'en a pas davantage, et n'est remarquable que par ses mosquées et par la naissance du fameux Nestorius, comme *Semizat*, autre ville du même pachalic, est la patrie de Lucien. Je me borne à citer ces villes qui n'offrent pas le moindre intérêt. Nous espérions trouver un dédommagement de nos peines dans la visite de *Tarsous*, l'ancienne Tarsus, la docte rivale d'Athènes et d'Alexandrie, qui a donné naissance à l'apôtre saint Paul ; mais elle a été si souvent saccagée qu'il n'est resté presque plus que des ruines. Sa situation dans une plaine fertile, sur la rivière de Cydnus, et près de son embouchure dans la Méditerranée, aurait engagé un peuple moins insouciant que les Turcs à réparer cette célèbre capitale de la Cilicie, qui renferme encore trente mille habitans; mais ils se plaisent dans les décombres, et tout ce qui a quelque rapport avec l'antiquité blesse l'orgueil de ce peuple ignorant. L'espérance de découvrir dans ces ruines quelques inscriptions ou quelques restes de monumens de l'art, nous a fait prolonger notre séjour dans cette ville, mais nos recherches ont été vaines.

Comme les communications ne sont pas faciles dans ce pays presque désert, et que l'on n'y a point différentes routes à choisir, nous avons repris les chemins que nous avions déjà pratiqués, et qui nous étaient connus, bien qu'ils fussent infestés de brigands qui mettent à contribution les voyageurs, les bourgs et les villes. La première ville où nous avons séjourné, est *Divrigni*, située dans un grand vallon entrecoupé de ruisseaux qui vont se jeter dans l'Euphrate. C'est l'ancienne *Nicopolis*, bâtie par Pompée. Elle renferme une quantité de jolis jardins; ses environs sont très fertiles, mais mal cultivés, par la crainte qu'inspirent les montagnards. Une des grandes richesses du pays, vient des mines de fer et d'aimant qui y sont très abondantes. Plus avant, entre des montagnes presque impraticables, on trouve aussi des mines d'or et d'argent, dont l'état tirait autrefois un grand produit. Elles sont aujourd'hui très mal exploitées, soit à cause du manque de bois, soit par un effet de la négligence des Turcs. Nous eûmes la curiosité de descendre dans celle de Kiéban, après avoir passé l'Euphrate qui coule au bas de la mine. Nous vîmes une multitude d'ouvriers, et quantité de souterrains, de chambres, de voûtes, mais peu d'or et d'argent. La plus considérable des mines était celle d'Argana, gros bourg au delà de Kiéban, où l'on fait aussi d'excellent vin. Le Tigre baigne le pied de la montagne sur laquelle Argana est située, mais il est si étroit et si resserré dans cet endroit, qu'il a plutôt l'air d'un ruisseau que d'un fleuve.

A quelque distance de *Keresoun*, où nous nous arrêtâmes, s'élance une masse effrayante de montagnes entrecoupées de golfes profonds, et de vallées étroites, ombragées de hêtres superbes. Les espaces découverts offrent de belles prairies, près desquelles les maisons des habitans, entourées de jardins remplis de cerisiers, s'élèvent sur la pente escarpée des côteaux. Keresoun, l'ancienne Cerasus, est bâtie sur le sommet d'un haut promontoire rocailleux. Une partie de sa population est composée d'Arméniens. Ce sont les plus riches; mais ils sont tellement opprimés, qu'ils n'osent ni se pourvoir d'une maison commode, ni faire la moindre dépense apparente, de peur de révéler leur aisance. Ils sont réduits à la cacher sous le voile de la pauvreté. C'est à cette cause qu'il faut attribuer l'état misérable de la plupart des villes, dans les provinces turques éloignées de la capitale, parce que les gouverneurs y abusent plus hardiment de l'autorité qui leur est confiée.

Nous nous embarquâmes à Keresoun, et, en suivant les sinuosités de la côte, nous entrâmes après trois jours de navigation dans le port de Trébisonde. C'est une ville très ancienne dont Xénophon parle dans son histoire de la retraite des dix mille. Les Romains en firent la capitale de la province de *Pontus Cappadocius*. Après la prise de Constantinople par les Latins, Trébisonde devint le siége d'un empire grec qui, sous le règne d'Alexis Comnène, s'étendait depuis l'embouchure du Phasis jusqu'à celle de l'Halys, et auquel Mahomet II mit fin. C'est une grande ville avantageusement située, au pied d'une montagne, sur la Mer-Noire. Son port est excellent; ses maisons, presque toutes bâties en pierres, sont couvertes en petites tuiles rouges. On y voit dix-huit grandes mosquées, huit khans, dix églises grecques et cinq bains publics. Le *Besestein* est un vaste bâtiment carré, construit, dit-on, par les Génois, pour servir de magasin à poudre, et à l'extrémité méridionale de la ville, est une citadelle solidement construite. On y trouve aussi plusieurs antiquités romaines, parmi lesquelles on remarque une très belle église. La population de cette ville, au nombre de soixante mille habitans, se compose de Turcs, de Grecs, de Juifs, d'Arméniens, de Géorgiens, de Mingréliens, de Tcherkesses et de Tartares, mélange tout-à-fait hétérogène qui, à ce qu'il paraît, n'exclut pas la tranquillité publique, et contribue probablement au commerce considérable qui a lieu dans cette place. Les exportations consistent en étoffes de soie et de coton, en fruits, en vins, en cuirs, et en beaucoup d'ouvrages en cuivre. Les importations se font en sucre, café, blé, fer, et étoffes de laine. Le pays voisin produit une grande quantité de soie et de coton,

LETTRE III.

Turquie d'Asie. — L'Arménie turque. — le Kurdistan. — le Diarbékir. — l'Irac arabi. — Villes principales.

En quittant Trébisonde, nous prîmes nos mesures pour gagner l'Arménie turque, et, après avoir traversé un pays montagneux, nous arrivâmes à *Akalziké*, siége du pachalic de ce nom. On appelle aussi cette province *Géorgie turque*, et en effet la ville est située au pied du Caucase, à douze lieues de la source du Kur qui passe auprès. Cette place est petite, et munie d'une forteresse, entourée d'une double muraille flanquée de tours. La cité est peuplée de Turcs, de Géorgiens, d'Arméniens, de Grecs et de Juifs ; c'est à peu de chose près le même mélange qu'à Trébisonde, mais le nombre des habitans ne s'élève guère à plus de douze mille. Chacun peut professer librement la religion dans laquelle il est né; ainsi on y trouve en même temps des synagogues, des églises et des mosquées. N'est-ce pas une chose admirable que de voir des peuples ignorans nous donner des leçons de tolérance ?

Dès que nous fûmes dans l'Arménie turque, nous nous empressâmes d'arriver à *Erzeroum* qui en est la capitale. Cette ville grande et forte, chef-lieu du pachalic du même nom, est située sur l'Euphrate, au pied d'une chaîne de montagnes, toujours couvertes de neige. On y compte soixante-dix mille habitans, dont un tiers est entièrement composé d'Arméniens qui fabriquent des ustensiles de cuivre, et font un grand commerce de pelleteries. Cette place est défendue par une bonne citadelle. Ses maisons assez bien construites sont ornées de terrasses. On y voit quarante mosquées qui sont assez belles. Elle est la résidence d'un pacha à queues, et le siége d'un évêque grec et d'un évêque arménien. L'air d'Erzeroum est très pur, l'hiver y dure huit mois. Les environs sont fertiles en grains; mais le bois y est rare, et le vin mauvais. Il y a bien peu de choses dans cette ville propres à y arrêter les voyageurs qui n'y sont amenés que par un motif de curiosité, mais les commerçans y trouvent de quoi s'alimenter en cuivre, en fourrures et en marchandises de la Perse.

Kars et *Van,* villes reculées sur les frontières de Perse, présentent encore moins d'intérêt qu'Erzeroum; mais le lac de Van mérite une description particulière. Il a près de trente lieues de long sur douze de large. L'eau en est jaunâtre, ce qui n'empêche pas d'y pêcher d'excellens poissons. Il est entouré de montagnes qui sont presque toute l'année couvertes de neige.

Dans la plaine au contraire la chaleur est excessive. Ce pays appartient à des chefs kurdes qui, dans leurs maisons fortifiées, déploient la morgue et l'ignorance des seigneurs européens du temps de la féodalité.

La nation arménienne est l'une des plus anciennes du monde, et mérite que je vous en donne une connaissance succincte. Une taille élégante et une physionomie spirituelle la distinguent. Toujours victime des guerres dans lesquelles les grandes puissances se disputaient l'Arménie, ses habitans se sont vus obligés de quitter en partie le sol de leurs ancêtres. Livrés au commerce et aux fatigues, ils ont prospéré partout où ils ont formé des établissemens. Chez eux la frugalité conserve ce qu'a acquis l'industrie. Dans leur pays comme dans l'étranger, ils vivent ordinairement en famille sous le gouvernement patriarchal du membre le plus âgé, et dans une concorde admirable. La religion des Arméniens est celle de l'ancienne église orientale. Ils admettent, comme les Grecs, le mariage des prêtres. Leurs jeûnes et leurs abstinences surpassent en rigueur et en fréquence tout ce qu'on voit chez les autres sectes chrétiennes.

L'Arménie nourrit aussi une nation tartare dont il faut tracer le portrait. Ce sont les Turcomans, originaires des bords orientaux de la mer Caspienne. Ils se sont d'abord établis dans l'Arménie-Majeure, appelée pour cette raison Turcomanie; mais leur goût pour la vie errante en a amené plusieurs hordes dans l'intérieur de l'Asie-Mineure et dans le gouvernement d'Itchil. Ils ont adopté la langue turque, et une espèce de mahométisme grossier. Ignorans, contens de leur pauvreté, ils ne se nourrissent que du produit de leurs troupeaux, et vivent la plupart du temps sous des tentes de feutre.

Leurs femmes filent des laines et font des tapis, dont l'usage existe dans ces contrées de temps immémorial. Quant aux hommes, toute leur occupation est de fumer et de veiller à la conduite des troupeaux. Sans cesse à cheval, la lance sur l'épaule, le sabre courbe au côté, les pistolets à la ceinture, ce sont des cavaliers vigoureux et des soldats infatigables. Ils ont souvent des discussions avec les Turcs qui les redoutent. Ces tribus passent en été dans l'Arménie où elles trouvent des herbes plus abondantes, et retournent pendant l'hiver dans leurs quartiers accoutumés.

Au sud de l'Arménie s'étend le Kurdistan ou pays des Kurdes, dans un espace de vingt-cinq journées de marche en longueur, sur une largeur de dix journées. *Betlis*, capitale de cette province, est située dans le centre des monts d'Haterot, sur les bords de deux petites rivières qui vont se joindre au Tigre. Les maisons y sont bien bâties, la plupart en pierres de taille; le toit en est plat, et elles sont entourées de vergers, de pommiers, poiriers, pruniers, cerisiers et noyers. Les rues sont généralement roides et d'un accès difficile. Chaque maison est un petit fort, précaution qui n'est pas inutile dans un pays sujet aux troubles. Quelques-unes ont de grandes fenêtres en ogive. Le château, en partie ruiné, paraît être de construction antique ; il est sur un rocher isolé et perpendiculaire qui s'élève au milieu de la ville. Les anciens beys ou kans du Kurdistan y faisaient leur résidence. Les bazars sont bien approvisionnés en fruits, légumes et autres denrées de première nécessité. La toile et tous les objets manufacturés au dehors y sont très chers, parce qu'on y en porte rarement. Des marchands s'aventurent quelquefois à venir dans cette contrée, avec des étoffes et autres marchandises ; mais ils ont soin de se réunir en caravanes assez nombreuses, et surtout d'être bien armés. Car tel est l'état de désordre du pays, qu'ils ont à redouter à la fois le pillage de leurs marchandises et la perte de leur vie.

Les Kurdes sont grossiers, brutaux, fiers et querelleurs; ils sont d'une ignorance extrême, et de si mauvaise foi, qu'ils ne balancent pas à faire le plus honteux mensonge, dès qu'ils y trouvent leur intérêt. Ils sont jaloux des étrangers, et cependant leurs femmes ne sont pas si gênées que celles des Turcs. Elles se montrent à visage découvert, et ne fuient pas à l'approche des hommes. Ce peuple a un grand respect pour la mémoire des morts, et élève des monumens en l'honneur de ceux qui ont vécu d'une manière exemplaire. Le vêtement ordinaire des Kurdes est une longue robe de coton blanche. Ils portent aussi une étoffe rayée qui se fabrique dans le pays même.

La ville de *Betlis* est ainsi appelée du nom d'un des officiers d'Alexandre-le-Grand. On raconte à ce sujet que ce prince ayant trouvé le lieu commode et avantageux, en raison de sa situation et de la bonté de ses eaux, y laissa cet officier, et lui ordonna d'y faire bâtir un fort imprenable. Le monarque, à son retour de Perse, passa dans le Kurdistan et voulut visiter la nouvelle place. On lui en refusa l'entrée. Outré de cet affront, il en fit le siége, trouva une résistance invincible, et fut contraint de l'abandonner. Betlis alors alla le trouver, et lui présenta les clefs, en disant qu'il avait réussi à bâtir un fort imprenable, puisque Alexandre lui-même n'avait pas pu le prendre.

Le Kurdistan est habité, en partie, par un ancien peuple dont l'origine est peu connue. Ce sont les *Yésides*, que les uns font descendre des Arabes, les autres des Chaldéens. Ils sont naturellement portés au vol et au brigandage, et inspirent la terreur aux caravanes qu'ils ne manquent pas d'attaquer, quand elles ne sont pas en forces suffisantes pour se faire respecter. La plupart mènent une vie errante, conduisent leurs troupeaux de montagnes en montagnes, et s'arrêtent dans les lieux qui leur offrent de bons pâturages. Ils habitent sous des tentes rondes, couvertes d'un feutre noir, et environnées d'une palissade de roseaux et d'épines qui en défend l'entrée aux bêtes féroces. Cette palissade est construite en forme de cercle, dans un grand espace, au milieu duquel ils placent les troupeaux.

Les femmes yésides sont laides, mais hardies, fortes et naturellement farouches. Les hommes sont vaillans, fiers et cruels. Ils ne sont ni chrétiens, ni mahométans, ni juifs, ni même idolâtres. On chercherait en vain dans l'Asie un peuple plus grossier et plus stupide. On divise celui-ci en deux classes de citoyens, dont les uns sont habillés de noir, et les autres de blanc. Les premiers font profession d'une vie austère, qui leur attire une grande considération de la part des blancs.

Lorsque ceux-ci rencontrent les noirs, ils baisent leur habit, sans toutefois que les noirs leur rendent la même civilité. La manière de se saluer, consiste, parmi les noirs, à baiser la manche de leur robe, sans proférer une parole; les autres se parlent et se font des complimens.

Les Yésides boivent du vin, mangent de la chair de porc, et s'abstiennent autant qu'il est possible de la circoncision. Un des points de leur religion, est de ne point maudire le diable, parce qu'il est, disent-ils, la créature de Dieu, et qu'il rentrera peut-être un jour en grace auprès de lui. Ils n'ont point de bible, point de fêtes, aucun temple, ne connaissent ni jeûnes, ni heures réglées pour la prière. Leur coutume est d'adorer Dieu le matin, en se levant à la pointe du jour, et le mode d'adoration est de regarder le ciel, ayant les mains jointes. Ces peuples également ennemis des Turcs et des chrétiens, se font cependant gloire d'honorer Jésus-

Christ, auquel ils attribuent plusieurs miracles. La curiosité seule les attire dans les mosquées; ils entreraient par le même motif dans les églises, s'ils n'avaient pas à craindre d'être maltraités par les Turcs, qui sont jaloux de la préférence. Ils enterrent leurs morts sans cérémonie; seulement ils chantent quelques cantiques en l'honneur de Jésus-Christ et de la Vierge, et accompagnent leur chant du son d'un instrument à deux cordes, qui a quelque ressemblance avec la guitare.

La loi des Yésides ne permet pas de pleurer la mort d'un noir; les parens du défunt doivent au contraire se réjouir, et passer les jours de deuil dans les festins et les amusemens, pour célébrer l'entrée du mort dans le ciel. Les noirs ne coupent jamais leur barbe, se font un devoir de religion de n'égorger aucun animal, et portent le scrupule jusqu'à éviter de mettre, en marchant, le pied sur une fourmi, ou sur tout autre insecte, parce que, disent-ils, s'ils étaient à la place de ces animaux, ils ne voudraient pas être écrasés. Voilà un peuple bien humain, surtout si on le compare à ces petits maîtres français, qui, dans leurs chars dorés, écrasent les hommes comme des insectes.

Nous ne quittâmes pas le Kurdistan, sans voir *Eskimosul* ou le vieux Mosul, l'ancienne *Ninive*. Cette ville, si toutefois on peut encore lui donner cette qualification, n'offre plus que des débris et des monceaux de pierre. C'était, dans les premiers siècles du monde, une des grandes cités de l'Asie. L'Écriture-Sainte la nomme la grande ville, et lui donne plus de trente lieues de circuit, ce qui doit paraître un peu exagéré. Ninus, premier roi des Assyriens, en jeta les fondemens sur les bords du Tigre, environ mille ans après le déluge. Elle était défendue par quinze cents tours, dont la hauteur s'élevait à deux cents pieds. Trois chars pouvaient rouler sur ses murs; elle fut détruite deux cents ans après, sous le règne de Sardanapale, par Asphaxad, roi des Mèdes.

En traversant le Tigre, nous entrâmes dans le Diarbékir, et nous gagnâmes *Mosul* ou la Nouvelle Ninive, située sur la même rivière. Cette ville est la résidence d'un pacha, d'un patriarche nestorien et d'un évêque jacobite. On y compte soixante-dix mille habitans, turcs, kurdes, juifs, arabes et chrétiens. Le palais du pacha, des mosquées, des bazars, des cafés et des bains remarquables contribuent à l'embellissement de cette ville, où il se fait un commerce considérable en toiles de coton blanche set très fines auxquelles on a donné le nom de *mousselines*, ou en marchandises des Indes et en draps d'Europe. On y fabrique des maroquins jaunes qui sont fort estimés et dont il se fait une grande exportation. Mosul est entourée de déserts, et est approvisionnée par les denrées qu'on y apporte par le Tigre, qui y forme des cascades.

Depuis Mosul jusqu'à Nisibin, on ne rencontre ni villages ni habitans. Ce n'est absolument qu'un désert très dangereux à cause des incursions des Yésides de Sindjar. Leur nombre est considérable ; ils habitent des cavernes creusées dans les flancs du mont de Sindjar, chaîne élevée qui coupe la plaine de la mésopotamie au sud de Merdyn. Ce sont les persécutions atroces des Musulmans qui ont forcé ces peuples de se réfugier dans ces retraites. Le pays qu'ils cultivent est assez fertile pour les mettre en état de se passer des denrées de leurs voisins. Leurs montagnes abondent en sources et en pâturages. Le raisin et les figues que produit leur territoire passent pour être de la meilleure qualité.

A la place de *Nisibe*, cette forteresse fameuse qui arrêta si long-temps les armes des Parthes, nous ne vîmes plus qu'un bourg du nom de Nesbin, dont les environs sont renommés pour les roses blanches qui se trouvent dans tous les jardins. Nisibe, bâtie par Nemrod, donna naissance à l'apôtre saint Jacques.

A six lieues de Nisibe, en suivant la base du mont Masius, on découvre les mines de Dara, qui n'est plus qu'un village. La première chose qui frappe en arrivant, est une quantité de catacombes qui sont creusées dans le flanc d'une montagne, dont la ville a tiré les matériaux de ses édifices. Quelques-unes de ces cavernes sont ornées de sculptures. Dara fut autrefois de ce côté le boulevard de l'empire d'Orient. On peut suivre dans la vallée les fondemens des tours et des remparts. Les restes d'anciens édifices attestent aussi l'ancienne grandeur de Dara. Un ruisseau d'eau vive qui coule à travers ces mines a engagé quelques familles Kurdes et Arméniennes à s'y établir.

Après avoir satisfait notre curiosité, nous nous rendîmes à Merdyn, petite ville située sur le mont de la Tour, et voisine de la frontière du Kurdistan. Ce n'est à proprement parler qu'une forteresse bâtie à mi-côte de la montagne qui domine la plaine de la Mésopotamie. Sa situation avantageuse, jointe aux remparts et aux tours qui l'environnent, la met à l'abri de toute insulte. On dit que ce château, à la vérité très fort, arrêta seul, pendant sept ans, l'armée du redoutable Tamerlan, et que ce vainqueur de l'Asie fut contraint d'en lever le siége, pour ne point perdre le fruit de ses conquêtes. Merdyn est la résidence de deux évêques, l'un grec, l'autre catholique. On y voit d'assez beaux édifices, et la population s'y élève à onze mille habitans. Cette ville, dont le territoire est très abondant en coton, est encore renommée pour son vin, ses fruits et principalement ses prunes qui sont d'un goût exquis. Elle avoisine le mont Ararath, cette montagne d'Arménie où l'on dit que l'arche de Noé s'arrêta après le déluge.

Entre le Tigre et l'Euphrate et sur les bords du premier de ces fleuves, est *Diarbekir*. Cette ville, appelée anciennement Amèd, donne le nom à la province de Diarbek, dont elle est la capitale et la résidence du pacha. C'est l'ancienne Mésopotamie. Elle est située dans une plaine charmante. L'enceinte de ses murailles, qu'un empereur grec fit construire, subsiste encore avec les soixante-douze tours qu'on dit avoir été élevées en l'honneur des soixante-douze disciples. Outre ces défenses, il y a une forteresse dans laquelle le gouverneur a un superbe sérail. Les bords du Tigre sont couverts de jardins et de parterres. Cette ville possède de riches bazars, des mosquées magnifiques, et compte quarante mille habitans, dont vingt mille sont chrétiens. On y fait une prodigieuse quantité de maroquins rouges, de draps et de toiles de la même couleur. On y fabrique aussi des ouvrages en fer et en cuivre. Il n'est point de ville turque où règne autant d'humanité, de douceur et de politesse. C'est peut-être la seule où les femmes jouissent d'une honnête liberté. On n'y fait point de distinction de religion, et les femmes des Turcs vont à la promenade avec les femmes chrétiennes sans que les maris en prennent le moindre ombrage.

Ourfa ou Orfa, l'ancienne Edesse, est, après la capitale du Diarbekir, une des villes qui présentent le plus d'intérêt. Chef-lieu d'un pachalic de son nom, elle est située au pied de deux collines, à l'entrée d'une belle plaine, et entourée de vieilles murailles. On y voit un château, de nombreuses mosquées, dont une est dédiée à Abraham. Deux évêques y siégent, l'un grec nestorien, l'autre jacobite. Cette ville a porté aussi le nom de Rhoa, qui signifie *eaux courantes*, d'où son nom grec Calli-Rhoé, les belles eaux. On compte dans Ourfa vingt mille habitans. Il y a des fabriques de bijouterie, de toiles de coton, et de maroquins jaunes et noirs, généralement très beaux. Le fréquent passage des caravanes d'Alep contribue à sa prospérité. Les environs offrent des traces de volcans.

Nous ne quittâmes le pachalic d'Ourfa que pour nous diriger vers Bagdad, et suivant le conseil qu'on nous avait donné, nous rentrâmes dans le Kurdistan, et nous gagnâmes *Kerkouk*. C'est une ville de moyenne grandeur, et qui n'a rien de remarquable. Près de là est un endroit appelé le *tombeau* d'Alexandre, et qui ne présente d'autre intérêt que le nom de ce conquérant. Nous vîmes dans le voisinage un monastère de derviches qui observent la règle la plus rigoureuse, moins par motif de piété que par fanatisme et par paresse. Ennemis déclarés de tout travail, ces moines regardent l'oisiveté comme le souverain bien; fumer, dormir et nettoyer leurs pipes, voilà à peu près à quoi ils passent leur vie.

La manière dont prient ces religieux a quelque chose de singulier. Ils commencent par danser au son de la flûte et du tambourin, en prononçant le nom de Dieu, et en tournant sur eux-mêmes avec une extrême rapidité. Leur voix s'augmente par gradation, ainsi que la vitesse avec laquelle ils tournent, jusqu'à ce que, n'ayant plus de force pour continuer cette singerie, ils tombent les uns sur les autres, le visage contre terre. Alors le supérieur vient à leur secours, et au moyen d'une courte prière, pendant laquelle ils reprennent haleine, il les fait revenir à eux ou du moins est censé le faire. C'est une chose très onéreuse pour l'état que cette multitude prodigieuse de moines inutiles et fainéans; mais le gouvernement les tolère par crainte, le peuple les soutient par superstition, et les honnêtes gens s'en moquent.

Nous arrivâmes enfin à *Bagdad*, capitale de l'ancienne Chaldée. Ce pays, plus célèbre qu'aucun autre par ses antiquités sacrées et profanes, a été la patrie d'Abraham, et forma la principale province de l'empire assyrien. On y voyait Babylone, la plus vaste et la plus superbe ville que les hommes aient jamais construite, et dont il reste aujourd'hui si peu de vestiges qu'on ignore même le lieu où elle était située. Cette ville fameuse était assise sur le bord de l'Euphrate. Nemrod, petis fils de Noé, en fut le fondateur: Sémiramis, veuve de Ninus, l'augmenta considérablement. Elle fit construire ses murs de briques cuites, cimentées avec du bitume, et employa à cet ouvrage immense trois cent mille ouvriers pendant plus d'un an. La ville avait quatre cents stades de circonférence et cent portes d'airain, avec des fossés profonds à l'entour. Mais rien n'était comparable à ces magnifiques jardins suspendus en l'air avec un art inimitable. Elle fut longtemps la capitale de tout l'Orient ; mais

Cyrus s'en rendit maître en détournant le cours de l'Euphrate, et la ruina.

Les décombres de cette ville puissante occupent un canton tout entier aux environs de Hella. Bâtis en briques unies de bitume, les édifices de Babylone déjà déserte aux premiers siècles de l'ère vulgaire, durent en s'écroulant, former des collines que les terres entassées avec le temps ont en quelque sorte effacées. On y fouille cependant de tems à autre, et l'on en retire quantité de briques portant des inscriptions diverses; les unes en relief datent du siècle des Arabes, les autres en creux appartiennent aux Babyloniens. La ville d'*Hella* assez considérable, florissante en raison de ses fabriques, et agréablement située dans une forêt de palmiers, semble entièrement bâtie en briques tirées de l'ancienne Babylonne.

Bagdad, cette seconde Babylone, cet ancien séjour des califes, ce théâtre des fictions orientales, passa depuis sous la domination des Persans, et enfin sous celle des Turcs qui la possèdent actuellement. Cette ville, aujourd'hui capitale de l'Yrac-Arabi, est environnée de hautes et fortes murailles, compte douze mille coudées de circonférence, et renferme environ soixante mille habitans. Le palais du pacha est grand et magnifique; ses jardins sont plantés d'orangers, de citronniers, de cyprès, dont l'ordre et les proportions forment des promenades charmantes. On vante la beauté et la multitude des bains, des colléges, des caravanserais, des bazars de cette ville. Les mosquées sont presque toutes enrichies de marbre, de porphyre et d'azur. Ce qu'ils ont de plus curieux, ce sont leurs minarets qui sont tous penchés vers la Mecque, ce que le vulgaire superstitieux regarde comme un miracle du ciel en faveur du prophète.

La ville répond peu à la beauté des édifices publics; les rues en sont très malpropres, et les maisons particulières n'ont que très peu d'apparence. On y compte à peine quatre vingt mille habitans, mélange de Turcs, d'Arabes, de Persans, de juifs et de chrétiens Arméniens. Le commerce néanmoins y est prodigieux, soit à cause du voisinage de l'Arabie, des Indes, et de la Perse, soit en raison du passage des caravanes qui viennent d'Alep, de Smyrne et des autres parties occidentales de l'empire. Les fabriques de coton et de velours, qui sont en grande activité dans Bagdad, contribuent à y attirer un grand concours d'étrangers. Les Amazones, qui ont fondé tant de villes célèbres en Orient, pourraient bien avoir contribué à la construction de Bagdad ; car les femmes de cette ville semblent avoir hérité des inclinations de ces héroïnes. Elles ne sortent qu'à cheval, et celles qui n'en ont pas le pouvoir ou les moyens, aiment mieux rester enfermées dans leurs maisons, que de paraître en public sans cette monture.

A trois lieues de Bagdad, dans une rase

campagne, entre le Tigre et l'Euphrate, est une tour appelée *Megara*, par les habitans du pays, et *Babel* par tous les voyageurs. C'est une masse solide dont la forme est carrée, et les quatre faces regardent les quatre points cardinaux; on lui donne cent trente pieds d'élévation. Quand nous cûmes fait le tour de ces augustes ruines, nous montâmes jusqu'au sommet, dans l'espérance de découvrir quelques vestiges de ce monument. Chaque pas que nous faisions, nous rappelait l'entreprise hardie de nos premiers pères. Nous trouvâmes plusieurs cavernes où les Mahométans croient que deux anges appelés *Harut et Marut*, sont suspendus par les cheveux. Ils disent que ces esprits célestes, ayant été envoyés sur la terre pour examiner les actions des hommes, ne songèrent qu'à séduire les femmes. Dieu, en punition de leurs crimes, les tient enfermés dans ces souterrains, jusqu'au jour du jugement.

Pendant notre séjour à Bagdad, nous eûmes l'occasion d'entendre le récit d'une scène affreuse qui avait eu lieu dans les environs d'Anah, ville qui s'étend sur les rives de l'Euphrate. C'est par Anah que passent ordinairement les caravanes qui transportent des marchandises entre Alep et Bagdad. Obligées de traverser le désert, et de payer pour le passage un tribut aux Arabes, elles ont encore à craindre les vents étouffans, les essaims de sauterelles et le manque d'eau, dès qu'elles s'éloignent de la rivière. Il arrive quelquefois que les sauterelles, après avoir tout dévoré, finissent par périr elles-mêmes, et empestent de leurs innombrables cadavres les mares, d'où, au défaut des sources, on a coutume de tirer de l'eau. C'est dans une circonstance semblable, qu'un voyageur français aperçoit un Turc qui, le désespoir dans les yeux, descendait d'une colline, et accourait vers lui. « Je suis l'homme le plus
« infortuné du monde, s'écria-t-il; j'avais

« acheté, à des frais énormes, deux cents
« jeunes filles, les plus belles de la Grèce
« et de la Géorgie; je les avais élevées
« avec le plus grand soin, et à présent
« qu'elles sont parvenues à l'âge nubile,
« je me rendais à Bagdad pour les vendre
« avantageusement. Hélas! elles périssent
« de soif dans ce désert; mais c'est moi que
« déchire un désespoir encore plus affreux
« que celui qu'elles éprouvent. » Le voyageur franchit rapidement la colline; un spectacle horrible frappa aussitôt ses regards. Au milieu d'une douzaine d'eunuques et d'environ cent chameaux, il vit toutes ces filles charmantes, de l'âge de douze à quinze ans, étendues par terre, livrées aux angoisses d'une soif ardente, et d'une mort inévitable. Quelques-unes étaient déjà enterrées dans une fosse qu'on venait de creuser. Un plus grand nombre étaient sans vie à côté de leurs gardiens qui n'avaient pas la force de les inhumer. On entendait de toutes parts les soupirs

de celles qui se mouraient, et les cris de celles qui, ayant encore un souffle de vie, demandaient en vain une goutte d'eau. Le voyageur français s'empressa d'ouvrir son outre dans laquelle il restait un peu d'eau ; déjà il se disposait à l'offrir à une de ces malheureuses victimes. « In-« sensé, s'écrie son conducteur arabe, que « fais-tu? veux-tu que nous périssions « aussi de soif? » d'un coup de flèche, il étendit morte la jeune fille, puis se saisit de l'outre, et menaça de tuer celui qui oserait y toucher. Aussitôt il entraîna le voyageur. Au moment où ils s'éloignèrent, toutes ces infortunées voyant disparaître le dernier rayon d'espoir, poussèrent des cris horribles. L'Arabe est touché, il prend une d'elles, lui verse quelques gouttes d'eau sur les lèvres, et la met sur son chameau dans l'intention d'en faire présent à sa femme. La petite provision d'eau des deux voyageurs ne tarda pas à être épuisée ; ils découvrirent un beau puits frais et limpide ; mais leur corde était si courte, que le seau n'atteignait pas même la surface de l'eau. Ils prirent le parti de découper leurs manteaux en lisières, les attachèrent l'une à l'autre, et ne puisèrent que très peu d'eau à la fois, dans la crainte de voir leur corde fragile se rompre, et le seau rester dans le puits. Tels sont les périls et les angoisses auxquels on est exposé en traversant cet horrible désert. Mais à mesure que le Tigre et l'Euphrate se rapprochent, ce qui a lieu vers Bagdad, où ils ne sont éloignés l'un de l'autre que de six heures de marche, le désert se change en une vaste prairie qui n'a besoin que d'être arrosée pour donner des récoltes très abondantes.

Nous allâmes de Bagdad à Bassora sans rencontrer aucun monument important. Nous remarquâmes seulement deux villes consacrées, aux yeux des Persans et de tous les Shütes, par le souvenir de Hossein et d'Aly, les deux plus célèbres martyrs de cette secte. Ces deux villes, qui portent les noms de Mesched-Aly et de Mesched-Hossein, sont grandes et ornées de belles mosquées. Elles étaient naguère remplies de richesses, que la dévotion des Persans y avait accumulées, et que les féroces Wahabis ont enlevées et transportées dans leurs déserts.

Bassora, grande ville du pachalic de Bagdad, située au-dessous du confluent du Tigre avec l'Eupharate, sur le Shat-el-Arab, peut être considérée comme un état indépendant qui rend au grand-seigneur un hommage de forme. Cette ville, autrefois florissante, ne compte plus que soixante mille habitans. Elle est entourée de murs et de fossés, mal bâtie, et eut pour fondateur le calife Omar. Elle a appartenu tour-à-tour aux Persans et aux Turcs; elle paraît appartenir aujourd'hui à ces derniers. Son port est le rendez-vous de l'Europe et de l'Asie. Les différens produits de l'Europe et de l'Inde y sont échangés contre ceux de Perse. C'est le point de départ des caravanes qui se rendent aux principales villes de la Turquie asiatique.

Toute la partie du désert qui environne Bassora est quelquefois inondée par les eaux de l'Euphrate, par suite de la rupture des digues au-dessus de Korna, lieu situé à son confluent avec le Tigre. La négligence des Arabes à entretenir la levée qui contient les eaux du fleuve, mit la ville de Bassora en danger d'être submergée par le débordement du Shat-el-Arab, nom que porte le fleuve formé par la réunion du Tigre et de l'Euphrate. Ces débordemens, loin de fortifier les terres, les rendent stériles en y mêlant des particules salines qu'ils charient en abondance de plusieurs parties du désert. Les grandes plantations de dattiers, qui rendent Bassora fameuse, paraissent avoir déjà beaucoup souffert des inondations.

Depuis quelques années Bassora est devenu le centre d'un très grand commerce de chevaux, que l'on amène des parties de l'Arabie les plus reculées. Les Arabes de cette ville ne conservent pas seulement la généalogie de leurs chevaux, mais même celle des pigeons et des béliers. Ceux-ci ont tous un anneau blanc au bout de l'oreille. C'est la marque que les doigts du prophète ont imprimée à l'auteur de leur race.

On compte cent lieues de Bagdad à Bassora, et l'on ne s'y rend pas impunément par terre. Dans ce pays, composé de gens de toute nation, où l'on n'a pas d'idée de ce que c'est qu'une police, où le grand-seigneur passe son temps au milieu de ses femmes, où les pachas sont ses très serviles imitateurs, les chemins sont infestés de brigands, et l'on y risque sa bourse et sa vie. Pour éviter ces inconvéniens, nous nous sommes embarqués sur le Tigre, dans des keleks, espèce de radeaux longs de vingt pieds sur quatorze de large. Ils sont composés de roseaux et de planches bien liées ensemble, et soutenues par des outres enflées et posées verticalement. Au milieu de ces radeaux sont élevées des cabanes formées de claies et de nattes ; c'est là que les voyageurs peuvent se mettre à l'abri des injures du temps, et c'est aussi la seule commodité que l'on y trouve.

LETTRE IV.

Turquie d'Asie. — La Syrie. — Alep. — Antakié. — Damas. — le Mont-Liban. — Balbec. — Palmyre.

La Syrie n'a pas moins éprouvé de révolutions que les autres provinces de la Turquie asiatique. Partout on y reconnaît les ravages du temps et les tristes fruits de la domination des Turcs, encore plus destructive que le temps même. La première ville où nous nous sommes rendus est Alexandrette, dont le port est situé sur la mer du Levant. L'air de cette ville est si malsain, qu'il est impossible d'y résister durant les grandes chaleurs. La plupart des habitans sont obligés de se réfugier dans un village situé à quatre à cinq lieues, sur une montagne. Ils y trouvent ce dont ils sont privés dans la ville, de fort bonne eau, d'excellens fruits et un air salutaire.

Nous prîmes bientôt la route d'*Alep*. C'est aujourd'hui la plus grande ville de toute la Syrie et de tout l'empire des Turcs, après Constantinople et le Caire. Elle doit à la rivière de Koik son principal agrément, par la beauté des jardins qu'elle arrose. Elle est construite sur huit petites éminences, et environnée d'un fossé large et profond qu'on a métamorphosé en jardins. La muraille est vieille et menace ruine; mais les édifices qu'elle renferme sont magnifiques, et tous sont construits en pierres de taille, avec une grande solidité. Chaque maison, outre le rez-de-chaussée, offre un étage d'ordre attique, avec une galerie. Le faîte en est plat, pavé de pierres ou enduit de plâtre. La plupart des habitans font apporter leurs lits sur ces plates-formes, et y couchent pour éviter la chaleur presque insupportable des appartemens. On a pratiqué de petites ouvertures aux galeries qui les environnent, afin de pouvoir passer d'un bâtiment à l'autre, pour se rendre visite par-dessus les maisons.

C'est l'usage de placer sur les portes et les fenêtres des passages tirés de l'Alcoran ou de quelque poète fameux chez les Turcs. Ces portes, ces fenêtres, les plafonds et les panneaux sont proprement peints, et quelquefois dorés. Il y a communément dans les cours de chaque maison une petite fontaine environnée d'un peu de verdure; mais chez les gens aisés cette fontaine se trouve au milieu d'une salle au rez-de-chaussée, pour y entretenir la fraîcheur. A côté sont d'autres pièces grossièrement pavées, qui servent d'écurie pour les chevaux.

Le mur qui environne chaque maison rend le coup-d'œil des rues peu agréable; elles sont d'ailleurs très étroites, mais propres et bien pavées. Les gens dont la profession nuirait à cette propreté sont logés dans les faubourgs; des deux côtés de chaque rue, est un parapet élevé d'environ vingt pouces, pour la commodité des gens de pied. Les bazars ou marchés sont bordés de boutiques qui ne peuvent contenir que les marchandises, le marchand et un garçon ; les acheteurs restent en dehors. Un fait très remarquable, c'est que les portes de ces boutiques sont encadrées de fer, et que les serrures ne sont que de bois. Au reste, cette ville fait un très grand commerce; on y amène de l'Europe et de l'Asie, par terre et par mer, toutes sortes de marchandises, et on en envoie aussi d'Alep par tout le monde.

Les principaux édifices d'Alep sont les mosquées, dont plusieurs sont magnifiques. Une d'entre elles renferme un tombeau que les Turcs disent être celui du prophète Zacharie. C'est aussi une tradition chez ces peuples, que le château d'Alep fut bâti du temps d'Abraham, et que ce même Zacharie y fit sa résidence ; on appelle ici *Kans*, certains lieux destinés à recevoir les voyageurs, qui ont la commodité d'y loger et d'y rester tant que leurs affaires les y retiennent. Ce sont les seules hôtelleries du pays.

Un aqueduc fournit de l'eau à la ville, et il n'y a qu'une rivière un peu considérable dans toute la Syrie, c'est l'Oronte. L'air d'Alep est extrêmement subtil, et donne aux étrangers une espèce de gale qu'on appelle le *mal d'Alep*. Elle commence par une petite pustule qui cause des démangeaisons, et au bout d'un certain temps devient grosse comme le bout du doigt ; elle reste ainsi pendant un an, et suppure continuellement. Ce mal attaque indifféremment toutes les parties du corps, et principalement les mains.

On trouve aux environs d'Alep une vallée de sel dont l'étendue est immense, et où l'on voit une quantité prodigieuse de cette denrée, quoique la vallée n'ait aucune communication avec la mer. A mesure qu'en s'éloignant de cette ville, on avance du côté de l'Euphrate, le coup-d'œil devient plus satisfaisant. Nous nous sommes arrêtés un instant auprès du monastère de Saint-Siméon; la situation en est majestueuse, et l'édifice répond à sa situation. C'est le lieu où l'inimitable Stilite vécut d'une manière extraordinaire. D'abord il passa dix ans à se mortifier dans une misérable cellule; il monta ensuite sur une colonne, où il resta dix autres années, ayant une chaîne au cou; enfin il fit construire une espèce de nid sur une colonne de quarante coudées de haut, et y demeura encore trente ans. Ce nid n'avait pas plus de quatre pieds de circonférence. C'était là que le saint passait les nuits à prier; le jour il prêchait ou faisait des génuflexions; quelqu'un, dit-on, en compta sans interruption jusqu'à deux mille, et se lassa même de compter, sans que le saint se lassât d'en faire.

Il faut passer l'Aphréen, pour arriver à *Corus*, ville autrefois très grande et très bien bâtie. On prendrait pour du marbre, la pierre qui servait à construire ses maisons. Parmi plusieurs monumens, on remarque les ruines d'un superbe théâtre. Cette ville, qui tire son nom de Cyrus, compte entre ses évêques le fameux Théodoret. Le paysage des environs est extrêmement gracieux. Chaque village est digne d'attirer les regards; mais au delà, c'est un désert. Il faut le traverser pour arriver à Bambouch, ou plutôt auprès de ses ruines, qui attestent son ancienne magnificence. On y distingue, entre autres choses, les fondemens, et une partie des murailles d'un temple qu'on croit avoir été celui de *l'abomination*. D'anciens auteurs nous apprennent que cette divinité, imaginée par les Sydoniens, avait un temple à Bambouch. Il faut croire que les spectacles des Grecs n'y étaient pas non plus ignorés; car, à côté de ces ruines, on trouve celles d'un théâtre.

Antioche, aujourd'hui connue sous le nom d'Antakié, fut autrefois la capitale de toute la Syrie ; elle était célèbre par sa magnificence, et ne l'est plus que par ses débris. Elle fut le séjour de plusieurs empereurs et le premier asile du christianisme. Cette ville enlevée aux Grecs par les Arabes, reprise, du temps des croisades, par Godefroy de Bouillon, conquise de nouveau par un sultan d'Égypte, est devenue la conquête de Sélim Ier, et les Turcs l'ont toujours conservée depuis. On n'y retrouve aujourd'hui, ni les traces du palais de Séleucus, son fondateur, ni celles du temple de la Fortune, tous deux célèbres et tous deux anéantis.

Séleucie, ville autrefois florissante, et presque aussi considérable qu'Antioche, est encore plus ruinée aujourd'hui. Le temps n'y a respecté aucun monument, à l'exception d'un tombeau de pierre sur lequel est placé un gladiateur qui, avec le bras gauche, soulève un bouclier, et semble de la main droite porter un coup de javeline.

C'est une tradition populaire, que Job a été enterré sur une montagne qui porte son nom ; elle est en forme de pain de sucre et située au milieu d'une plaine peu éloignée de Magara. On voit, parmi les ruines de cette ville, un grand monument taillé dans une roche de marbre, il a différens appartemens, et était anciennement soutenu et orné de colonnes que le temps et les Barbares ont ruinées.

La Syrie offre un climat fort chaud, surtout durant quatre à cinq mois de l'année, pendant lesquels il ne tombe jamais de pluie. L'hiver même y est mêlé de chaleur au milieu du jour, et les fleurs qu'on y voit éclore dans cette saison se confondent avec le printemps. Ce pays fournit beaucoup de fruits, mais d'une qualité médiocre ; celle du vin lui est encore inférieure; il excite le sommeil et provoque plutôt la stupidité que la joie.

Il y a peu de bétail dans toute la Syrie. On y remarque cependant une espèce de chèvre dont les oreilles ont un pied de long et une largeur proportionnée, et des moutons dont la queue est si prodigieusement longue qu'on est obligé de la leur attacher sur des planches minces portées par de petites roues. Il est de ces queues qui pèsent jusqu'à cinquante livres.

La gazelle et le lièvre sont ici le gibier le plus commun, et le chameau l'animal le plus utile. La race des chevaux a fort dégénéré. On trouve encore dans les montagnes, et parmi les rochers, quelques hyènes. On dit que cet animal sait parfaitement imiter la voix humaine, et que cet artifice a coûté la vie à quelques voyageurs. Cependant il n'attaque jamais l'homme sans y être forcé par la faim. Il n'a pas la même réserve pour les cadavres et les troupeaux.

Il est sans exemple de voir dans ces contrées un chien attaqué de la rage, et rien n'est plus commun que d'y voir des loups enragés. La morsure des serpens n'y est point dangereuse, et la piqûre de la scolopèdre et du scorpion ne cause qu'une douleur légère qui ne dure qu'un instant.

Les Syriens ont la taille assez régulière, mais moyenne, leur embonpoint est médiocre. Ils ont communément la peau blanche, les yeux et les cheveux noirs. Les deux sexes ne sont beaux que dans la jeunesse. A peine ont-ils atteint l'âge mûr que la barbe défigure les hommes, et les femmes paraissent vieilles; aussi marie-t-on les filles dès l'âge de quatorze ans et même plutôt.

Une taille fine est regardée chez les femmes comme une difformité; elles n'épargnent rien pour devenir épaisses et grasses; leurs ceintures sont légères, étroites et attachées négligemment. Celle des hommes, au contraire, est fortement serrée par le milieu du corps. Ils passent pour n'être ni robustes ni actifs; ils n'en sont pas moins querelleurs, surtout parmi le peuple, mais ils en viennent rarement aux mains. On voit une infinité de disputes se renouveler en un jour et pas un coup porté dans toute une année.

L'amour ne préside point aux mariages. Le jour de la cérémonie est la première entrevue des époux. C'est ordinairement la mère du marié qui négocie cette alliance. Lorsqu'elle a trouvé une fille qu'elle croit devoir convenir à son fils, la demande en est bientôt faite, le prix fixé, la permission du cadi sollicitée et obtenue. Il s'agit alors de nommer des parrains de part et d'autre; leur fonction est d'acheter et de vendre la future. Le maüm, ou prêtre, demande à l'un s'il veut l'acquérir pour telle somme d'argent, à l'autre s'il est content de cette somme, et sur l'affirmative, il joint les mains, l'argent est payé, le marché conclu, et la cérémonie est terminée par une prière de l'Alcoran.

Dès ce moment le jeune homme est libre d'emmener sa prétendue chez lui, mais il a toujours soin d'en donner avis à la famille. Alors elle est conduite par ses parentes dans l'appartement qui lui est destiné. Il en est de séparés, où chaque sexe se divertit jusqu'au soir; ce moment venu, les hommes habillent le marié et en avertissent les femmes; on le fait entrer dans la cour et il est reçu par ses parentes qui dansent et chantent devant lui sous la fenêtre de son épouse. Elle fait la moitié du chemin pour le recevoir; mais elle n'est pas encore entièrement visible pour lui. Une pièce de gaze rouge la couvre du haut en bas, et souvent une feuille d'or, découpée en différentes formes, lui cache le front et les joues. Elle est ramenée dans sa chambre par son époux qui reste seul avec elle.

La loi des Turcs permet jusqu'à quatre femmes et autant de concubines, mais comme les premières s'achètent, il est rare qu'on en prenne plus de deux. Il n'en est pas de même des autres, le nombre en est souvent dix fois plus grand que la loi du Prophète ne le permet. Le mari peut répudier son épouse quand il lui plaît, sans en dire la cause; il peut aussi vendre celles de ses esclaves qui sont stériles, et, en général, le sort des femmes chez les Turcs est un véritable esclavage.

Une cérémonie essentielle à la mort d'un Turc, ce sont les hurlemens des femmes qui ne les cessent que quand le corps est enterré. C'est un autre usage dès qu'il est enseveli, d'attacher sur le milieu du drap un morceau de la couverture qui servit à Mahomet. Le moment du convoi étant arrivé, quelques officiers et les amis du défunt précèdent son cercueil, des hommes le portent sur leurs épaules, viennent ensuite les plus proches parens mâles, et après eux les femmes. Les hommes chantent quelques prières prises dans l'Alcoran, et les femmes jettent des cris lamentables.

Les sépulcres, revêtus de pierre, sont tournés d'Orient en Occident. Le corps est placé sur le côté droit, de manière qu'il ne soit ni couché ni assis; il faut surtout qu'il ait la face tournée vers la Mecque. L'iman, qui préside à la cérémonie, jette la première poignée de terre, prie pour l'ame du défunt, et rappelle aux assistans leur propre fin. Le deuil des femmes consiste à porter des vêtemens lugubres, à quitter leurs bijoux, et, dans le cas du décès d'un mari, à ne les reprendre qu'après une année révolue. Le deuil d'un père n'est que de six mois. Une veuve ne peut se remarier qu'après être restée quarante jours dans sa maison sans sortir, et presque sans parler; elle doit surtout témoigner beaucoup d'affliction vraie ou fausse.

On compte dans cette contrée quatre

sortes de chrétiens : des Grecs, des Arméniens, des Syriens et des Maronites ou catholiques romains. Chaque secte y a un évêque, et le libre exercice de sa religion. Les Arméniens sont si exacts à observer le jeûne, qu'ils ne le rompraient pas même pour conserver leur vie ; ils sont moins rigides sur d'autres articles.

L'usage du voile est commun à toutes les femmes turques ou chrétiennes; il n'y a que quelque différence dans la manière de le porter. On permet à celles-ci d'aller au bain, à l'église, chez quelques parens et chez leur médecin.

Le mariage des chrétiens est arrêté dès leur enfance, et ils n'ont aucune part dans le choix qu'on fait pour eux. Lorsque le temps de le célébrer est arrivé, les parens du jeune homme sont invités à un festin chez le père de la fille ; on y fixe le jour de la cérémonie. La même compagnie se trouve la veille à souper chez la future. Le garçon n'a point paru jusqu'alors, quoiqu'on ait fait semblant de le chercher beaucoup. Il est obligé suivant l'usage de se cacher, mais à la fin on le trouve, on l'amène couvert de ses plus méchans habits, et après quelques pratiques aussi bizarres, il prend sa parure de noces.

Vers le milieu de la nuit, les parens de l'époux, munis chacun d'un flambeau et précédés d'une troupe de musiciens, retournent au logis de la future. On leur en refuse la porte pour la forme, et il se fait une espèce de combat, où ils remportent une victoire qui n'était pas douteuse. Alors la fille est conduite à la maison de son mari par ses parens. Elle ne doit pas ouvrir la bouche, quelque chose qu'on lui dise, ni lever les yeux, qui que ce soit qui entre. Cependant elle salue tous les assistans. Une femme assise auprès d'elle l'instruit de leur arrivée et de leur qualité.

L'évêque préside quelquefois à cette

cérémonie qui, quant au fond, diffère peu des mariages d'Europe. Le prélat dîne ensuite, et quand il est retiré, les divertissemens commencent pour ne finir que le lendemain. Le silence de la nouvelle mariée doit durer encore un mois. Pendant tout ce temps elle ne parle qu'à son mari, dans certains momens seulement, encore quelques matrones lui en font-elles un scrupule.

Les Maronites permettent à leurs femmes de manger avec eux, et même de paraître devant les étrangers; les autres chrétiens sont moins indulgens et traitent les leurs comme des servantes. Elles servent à table, n'y prennent jamais place, et ne peuvent recevoir aucun homme chez elles, excepté leurs parens, les médecins et les prêtres.

On compte dans Alep environ cinq mille juifs qui sont généralement malpropres et mal logés. Leurs mariages ont beaucoup de rapport avec ceux des Turcs, excepté que l'on colle les paupières de la mariée avec de la gomme, et le mari a seul le droit de les décoller au temps marqué par l'usage.

Leurs jeûnes sont pénibles, mais peu fréquens; il n'est presque point de juif qui n'entreprenne, une fois en sa vie, de jeûner depuis le samedi après le coucher du soleil, jusqu'au vendredi suivant à la même heure. Peu y parviennent, le plus grand nombre y renonce; plusieurs périssent dans cette pieuse et extravagante entreprise.

Je reviens à quelques usages des Turcs d'Alep. Leurs repas, j'entends ceux des gens aisés, sont splendides, mais non délicats. Du mouton rôti, ou cuit avec des herbes, des pigeons bouillis, de la volaille farcie de riz et d'épices, un agneau entier, garni intérieurement de riz et d'amandes, de pistaches et de raisins, tels sont les principaux mets qui entrent dans leurs festins. Ceux qui observent leur loi, ne boivent que de l'eau; mais tous sont gros mangeurs, et leur repas fini, ils en accepteraient un autre si le hasard le leur offrait.

Ils font grand usage de café, mais ils le prennent sans lait et sans sucre. Tous les hommes, et même beaucoup de femmes fument du tabac. Les plus distingués ont des pipes, dont les tuyaux garnis d'argent ont cinq ou six pieds de longueur. Un autre objet de débauche, c'est l'opium, il bannit la tristesse et réjouit les esprits; mais au bout d'un certain nombre d'années il détruit la mémoire, l'imagination et la vigueur; il donne à un homme encore jeune toute la décrépitude d'un vieillard.

Les cafés sont abandonnés à la populace. L'amusement de ceux qui ne peuvent décemment les fréquenter, consiste dans le jeu des échecs; ils y excellent pour l'ordinaire; mais ils ne risquent leur argent à aucun jeu, et l'exemple des chrétiens n'a pas encore pu les séduire.

Ils ont des lutteurs dans leurs fêtes, à la manière des anciens. Ces athlètes se frottent d'huile, et combattent sans autre habillement qu'une paire de caleçons. Ils ne manquent pas de force, mais ils n'ont point du tout de grace.

Les Turcs ont en général une sorte d'aversion pour tout exercice un peu violent, et il s'en faut beaucoup qu'ils le regardent comme salutaire. J'en excepte les grands qui s'exercent à lancer le javelot. Le caractère du peuple est une indolence réelle, et une gravité affectée.

Il n'est point ici question de carrosses. Les dames les plus qualifiées marchent à pied, soit dans la ville, soit à la promenade. Si le voyage est long, elles sont portées par des mules dans une litière. Les hommes les plus distingués vont à cheval dans la ville comme à la campagne ; ils sont précédés et suivis d'un certain nombre de domestiques ; cet usage a peut-être quelque chose de plus noble que celui de s'enfermer volontairement dans une boîte roulante.

On dit que les Syriens ont autrefois figuré dans la littérature, mais rien n'en rappelle le souvenir. On voit ici des négocians, des financiers, et des pachas qui ne savent ni lire ni écrire. Il y a cependant un fort grand nombre de colléges à Alep; mais dans quelques-uns on n'enseigne absolument rien, et dans les autres très peu de chose.

Les femmes d'Alep se coiffent assez singulièrement. Elles ont sur le derrière de la tête un grand bonnet de cuivre, auquel est attaché un mouchoir de toile, qui pend négligemment sur l'épaule gauche. Leurs robes de soie ont des manches très amples qui leur tombent jusqu'à mi-jambes; un des côtés de leur jupon est retroussé près du genou, mais elles ont des caleçons qui descendent jusqu'aux souliers, qui sont des sandales de bois.

Toutes les femmes se noircissent les sourcils avec une composition qu'on appelle *harrat* ; les vieilles font teindre leurs cheveux en rouge avec l'*henna*, qui sert aussi à peindre leurs pieds et leurs mains, et à y tracer différentes figures. Sa couleur devient jaune et désagréable ; cependant l'usage en est universel. On voit enfin des vieillards qui se noircissent la barbe pour paraître plus jeunes, et ces usages sont suivis par tous les habitans de la contrée. La différence de religion ne les empêche pas de s'accorder sur ces bagatelles, et ils ne s'accordent pas moins sur l'attachement aux cérémonies du culte extérieur ; mais les uns et les autres en négligent le fond.

Damas, capitale de toute la Syrie, paraît n'avoir pas plus de deux milles de longueur. Ses rues sont étroites, et ses maisons bâties de briques cuites au soleil. C'est moins la pierre qui manque dans ce canton, que l'activité à ses habitans.

Chaque maison renferme une ou plusieurs fontaines garnies de marbre, des appartemens somptueux, dont les plafonds et les panneaux sont richement peints ou dorés, et pour l'ordinaire une cour carrée et fort grande, qu'environne une galerie plus ou moins ornée, mais qui l'est toujours beaucoup chez les citoyens opulens. La richesse de cet ornement et la pauvreté de l'édifice forment le contraste le plus frappant et le plus bizarre.

Les Turcs ont fait une mosquée de l'église de saint-Jean-Baptiste. C'est un bâtiment considérable; mais nul chrétien n'y entre; il ne leur est pas même permis d'y porter la vue. On y conserve la tête du saint, et quelques autres reliques enfermées dans un lieu particulier. Ce lieu est en si grande vénération, qu'un Turc laïque, qui oserait y pénétrer, serait puni de mort. Le château de Damas est un édifice vaste, mais rustique, qui contribue plus à fortifier la ville qu'à l'embellir.

Rien de plus agréable que les environs de cette capitale. On dit que Mahomet les ayant aperçus du haut d'une montagne, refusa d'y descendre, et s'éloigna en disant : « Il n'y a qu'un seul paradis des-
« tiné pour l'homme ; le mien ne sera pas
« de ce monde ». On visite surtout, avec une sorte de respect, le champ de Damas. C'est une belle et vaste plaine où l'on prétend que l'homme fut créé. Non loin de ce champ, on trouve un vaste hôpital, accompagné d'une mosquée magnifique, et quelques autres bâtimens dignes d'arrêter les regards. La maison d'Ananie, dont il est fait mention dans les Actes des apôtres existe encore. On y voit un autel pour les chrétiens, et un lieu de prière pour les Turcs. L'endroit où saint Paul se reposa après sa vision, est indiqué par un petit édifice de bois, ou pour mieux dire, par l'autel que cet édifice renferme.

La ville de Damas est entourée de vastes jardins, plantés sans ordre et sans art, mais dans lesquels on trouve des fruits. C'est aux environs de cette ville, que se voit la montagne sur laquelle on prétend qu'Abel fut massacré par Caïn son frère. Chaque pas que l'on fait dans cette contrée rappelle à l'esprit quelques passages de l'Écriture, aussi notre cher mentor avait-il eu soin de se munir d'une Bible, à l'exemple du voyageur qui visitait la Troade, l'Iliade à la main.

Nous fîmes connaissance à Damas de jeunes Anglais accompagnés de leur père, homme très instruit, et qui paraît faire son unique occupation de l'éducation de ses enfans. Ce fut avec cette aimable société que nous nous mîmes en route pour voir le mont Liban, et visiter les ruines de Balbek. Notre première station eut lieu à *Sidonaia*, où nous fîmes quelque séjour. Cette ville, bâtie par Justinien, est située sur le sommet d'un rocher, et n'offre de remarquable que la bonté de ses vins, et un couvent habité par une vingtaine de moines grecs, et environ le double de religieuses. Un seul mur les enferme, et aucune clôture ne les sépare.

Il est peu de montagnes plus célèbres que celle du Liban; il n'en est aucune dont l'Écriture fasse aussi souvent mention. C'est aujourd'hui la demeure du plus grand nombre de chrétiens maronites, c'est-à-dire ceux qui suivent le rit latin. On y voit une multitude de chapelles et de monastères, parmi lesquels on distingue celui de Canobin, fameux par son ancienneté. C'est le siége et la demeure ordinaire du patriarche des Maronites. Le bâtiment est vaste, mais peu régulier; il est en partie pris dans le rocher, et l'église y est pratiquée entièrement; elle n'a guère que vingt-cinq pieds de long sur douze de large. C'est peut-être le seul endroit, dans tout le Levant, où il y ait des cloches. Les Turcs ne peuvent pas les souffrir, le son les choque; et ils ne laissent subsister celles de Canobin, que parce qu'ils ne sont point à portée de les entendre.

Les moines de ce couvent se disent de l'institut de saint Antoine, et suivent la régle de saint Basile. Leur manière de vivre est très austère. Jamais ils ne mangent de viande. La pauvreté n'entre cependant pour rien dans cette réforme, car le domaine du patriarche et du monastère est considérable et bien employé. Ce qui excède les besoins des religieux sert à pratiquer l'aumône et l'hospitalité. Ce n'est pas même l'unique point qui fasse souvenir que ces bons solitaires habitent le berceau de l'église. Nous visitâmes plusieurs ermitages, et le Maronite qui nous guidait, nous assura que le nombre des grottes anciennement habitées allait à plus de huit cents. Toutes aujourd'hui sont inutiles, et l'on peut douter qu'elles redeviennent jamais nécessaires. Chaque siècle a ses usages et ses modes, même en matière de zèle et de piété. On est aujourd'hui persuadé qu'il n'y a pas moins de mérite à se rendre utile aux hommes qu'à les fuir.

Nous parvînmes enfin à la forêt des cèdres; ces arbres fameux dans l'Écriture, fleurissent dans la neige et occupent une partie très élevée de la montagne du Liban. La grosseur des plus anciens est prodigieuse ; mais leur tronc principal a peu de hauteur. A cinq ou six pieds de terre, il se divise en cinq ou six autres troncs, qui pris à part formeraient chacun un gros et grand arbre. Leur feuillage ressemble à celui du genièvre qui est, dit-on, le cèdre de la France, et qui paraît avoir bien dégénéré dans ce climat étranger. Les plus gros cèdres du mont Liban ont cela de particulier que leur cime s'élargit et forme un rond parfait, tandis que celle des plus petits s'élève en pyramide comme le cyprès. Les gros seuls produisent un fruit qui ressemble à la pomme de pin, excepté que la forme en est plus grosse et la couleur plus rembrunie. Ces pommes de cèdre contiennent une espèce de baume épais et transparent qui, dans un certain temps de l'année, tombe goutte à goutte; il sort aussi du cèdre même une résine odoriférante.

Nous achevâmes de traverser la montagne du Liban, et, après en avoir franchi une autre qui fait partie de l'Anti-Liban, nous nous trouvâmes dans une plaine où la ville de *Balbek* est avantageusement située. Elle est gouvernée par un aga, et compte environ cinq mille habitans, parmi lesquels se trouvent des chrétiens maronites, des chrétiens grecs et même des juifs. Les amateurs d'antiquités ne manquent pas ici d'objets propres à les satisfaire, car il est peu de grandes villes qui offrent des restes aussi magnifiques.

Ce qui fixa d'abord notre attention fut un bâtiment vaste et à demi ruiné qu'on appelle le château de Balbek. Sa forme extérieure est celle d'un carré long. Il a pour entrée première un portique dont l'escalier est entièrement détruit. Ce portique était garni d'une colonnade dont il ne reste que les piédestaux. Il contient trois portes qui toutes conduisaient à une cour hexagone, et de cette cour on passait à une autre, carrée. Les bâtimens qui entouraient l'une et l'autre avaient environ quarante-cinq pieds de hauteur, sur cent dix de large, et quatre-vingt cinq de long; mais les édifices de la dernière surpassaient les autres en magnificence.

On remarque surtout les ruines d'un troisième bâtiment, qui a dû faire le principal corps de ce palais. Il était environné de colonnes dont la grosseur et la hauteur surpassaient toutes les dimensions ordinaires; leur fût était composé de trois pièces étroitement unies, mais sans qu'on ait eu recours au ciment; il n'en a même été employé dans aucun de ces édifices; on y suppléait par des barres de fer pour lesquelles on avait creusé des trous dans chaque pierre. Ces barres avaient communément un pied de long et contribuaient à la solidité du bâtiment. On a vu des colonnes brisées dans leur fût, sans que leurs jointures aient pu être séparées. Il règne sous ce vaste monument des voûtes qui en remplissent toute l'étendue et qui se communiquent les unes aux autres; elles sont composées de grandes pierres brutes dans un goût rustique.

A quelque distance du palais est situé un temple moins vaste, mais aussi magnifique et mieux conservé, sa forme est celle d'un carré long. Il règne, dans tout le pourtour de ses murailles, un péristile composé de quarante colonnes, savoir douze sur chaque côté, huit sur le derrière, et autant sur le devant du portail. Ce portail offre lui-même deux rangs de colonnes et trente pieds de profondeur. La hauteur de chaque colonne est de cinquante-deux pieds sur six de diamètre. L'escalier qui conduisait au vestibule du temple est entièrement ruiné. Cet édifice a deux autres escaliers à son entrée ; il a cent pieds de profondeur en dedans et soixante-quinze de largeur. Les décorations de l'intérieur répondaient à celles du dehors. On y voyait des colonnes de diverses dimensions ; des niches artistement pratiquées dans les murs servaient à placer les statues des dieux où des héros de l'antiquité. On montait au chœur par treize degrés d'un marbre superbe ; tout enfin, dans cet édifice, annonce et la magnificence de son fondateur et le bon goût du siècle où il fut construit.

Un second temple, moins considérable que le précédent, n'en est pas moins digne de remarque. La partie inférieure est aujourd'hui une église à l'usage des chrétiens grecs. Leurs prêtres l'ont dédiée à sainte Barbe; ils prétendent que ce bâtiment est la tour où cette sainte fut enfermée. Mais ce n'était pas une raison pour couvrir de plâtre la sculpture intérieure qui était de marbre. Il y a apparence que le goût de ces prêtres n'est pas moins déréglé que leur imagination. Telles sont les principales antiquités de Balbek dont Antonin-le-Pieux paraît avoir été le fondateur du principal temple et du palais.

On disait autrefois que Vénus avait établi sa cour dans cette ville, et qu'elle y distribuait les graces et la beauté. Les femmes de Balbek passaient en effet pour les plus belles de toute l'Asie, elles étaient aussi les plus galantes. Ce n'est pas la même chose aujourd'hui; leur vertu semble s'être accrue aux dépens de leurs charmes.

En quittant cette ville nous prîmes une route différente de celle que nous avions suivie et nous trouvâmes de nouveaux alimens à notre curiosité. Parmi les lieux que nous visitâmes, il en est un qui mérite toute la vénération d'un antiquaire; c'est le bourg du Ban; on le croit bâti sur les ruines de la première ville du monde.

Il est situé dans le Kesraouan, à l'orient de Tripoli. Tout ce pays est bien arrosé, bien cultivé, et possédé par les Maronites seuls. On y parle encore le syriaque ou le chaldéen ; mais l'idiome vulgaire de tout le Liban est l'arabe. On trouve dans cette contrée les restes de la ville de Hadet, célèbre par la valeur de ses habitans, et le siége qu'elle soutint pendant sept années contre les Sarrazins.

Non loin de là se trouve un canton délicieux, orné de jardins entrecoupés de ruisseaux. La douceur de l'air qu'on y respire donne l'idée d'un printemps continuel. C'est là qu'est situé le bourg d'Eden, où les Orientaux croient que fut le paradis terrestre.

Les peuples du Liban étaient anciennement soumis à un prince chrétien de leur nation. Depuis l'extinction de sa maison, c'est le pacha de Tripoli qui dispose de ce gouvernement; mais il a toujours l'attention d'y nommer un seigneur maronite.

Ces chrétiens isolés sont pour l'ordinaire pauvres et ignorans, mais ceux qui habitent certaines contrées du Liban, jouissent des richesses que produit l'abondance. Ces lieux sont fertiles en blé, en fruits, en pâturages, en oliviers, en vins, en mûriers, etc. Les mûriers, les oliviers, les vignes même offrent partout un plan exact et régulier. La grosseur des raisins est extraordinaire, et leur qualité est admirable; mais quelque chose de plus rare, c'est que dans cette contrée on ne connaît ni la mauvaise foi, ni le larcin, ni les procès, ni peines afflictives, ni les délits qui méritent ces châtimens. Les prêtres maronites sont mariés, les moines seuls font exception. Les curés, tout en suivant le rit latin, en ont retranché le célibat des prêtres; ils n'en sont pas moins exacts à remplir leurs devoirs sacerdotaux. Et ce qui est plus important encore, c'est qu'ils ne négligent aucun des devoirs de citoyen.

La forme du gouvernement des Maronites n'est point fondée sur des conventions primordiales, mais seulement sur les usages et les coutumes : on peut considérer la nation comme partagée en deux classes, le peuple et les chaics. Ceux-ci sont les plus notables habitans, à qui l'ancienneté de leur famille, et l'aisance de leur fortune donnent un état plus distingué que celui de la multitude. Tous vivent répandus dans les montagnes, par villages, par hameaux et même par maisons isolées, ce qui n'a pas lieu dans la plaine. La nation entière est agricole; chacun fait valoir de ses mains le petit domaine qu'il possède, ou qu'il tient à ferme. Les chaiks mêmes vivent ainsi; ils ne se distinguent du peuple que par une mauvaise pelisse, un cheval et quelques légers avantages dans la nourriture et le logement. Tous vivent frugalement, sans beaucoup de jouissances, mais aussi sans beaucoup de privations, attendu qu'ils connaissent peu d'objets de luxe. En général, la nation est pauvre, mais comme elle est laborieuse, personne n'y manque du nécessaire; et si l'on y voit des mendians, ils viennent des villes de la côte, et non du pays.

La propriété y est aussi sacrée qu'en Europe, et l'on n'y voit point de ces spoliations ni ces avanies si fréquentes dans l'empire turc. On voyage de jour et de nuit avec une sécurité inconnue dans les autres provinces. L'étranger y trouve l'hospitalité comme chez les Arabes, mais les Maronites sont moins généreux, et ont un peu le défaut de la lésine. Conformément aux principes du christianisme, ils n'ont qu'une femme qu'ils épousent souvent sans l'avoir vue, et toujours sans l'avoir fréquentée. Contre les préceptes de cette même religion, ils admettent l'usage arabe du *talion*, et le plus proche parent de tout homme assassiné doit le venger. Par une habitude fondée sur la défiance et l'état politique du pays, tous les hommes, chaiks ou paysans, marchent toujours armés du fusil et du poignard. Comme ce peuple n'entretient point de troupes régulières, chacun est obligé de marcher, lorsqu'il y a guerre; et si cette milice était bien conduite, elle vaudrait mieux que bien des troupes d'Europe.

Pour la religion, les Maronites dépendent de Rome. En reconnaissant la suprématie du pape, leur clergé a continué d'élire un chef qui a le titre de patriarche d'Antioche. Leurs prêtres se marient comme aux premiers temps de l'église, mais leur femme doit être vierge et non veuve; et ils ne peuvent passer à de secondes noces. Ils célèbrent la messe en langue syriaque, dont ils ne connaissent pas un mot. L'évangile seul se dit en arabe, et à haute voix, afin que le peuple l'entende. La communion se pratique sous les deux espèces. L'hostie est un petit pain rond, non levé, épais du doigt et un peu plus large qu'un écu de six livres. Le dessus porte un cachet qui est la portion du célébrant. Le reste se coupe en petits morceaux que le prêtre met dans le calice avec le vin, et qu'il administre à chaque personne au moyen d'une cuillère qui sert pour tout le monde.

Ces prêtres n'ont point de bénéfices ni de rentes assignées; ils vivent en partie du produit de leurs messes, des dons de leurs auditeurs et du travail de leurs mains. Les uns exercent des métiers, d'autres cultivent un petit domaine, tous s'occupent pour le soutien de leur famille, et l'édification de leur troupeau. La considération dont ils jouissent les dédommage un peu du manque de fortune. Chaque village a sa chapelle, son desservant, et chaque chapelle a sa cloche, chose inouïe dans le reste de la Turquie. Les Maronites en tirent vanité, et, pour s'assurer la durée de ces franchises, ils ne permettent à aucun musulman d'habiter parmi eux. Ils s'arrogent aussi le droit de porter le turban vert, qui hors de leurs limites coûterait la vie à un chrétien.

L'Italie ne compte pas plus d'évêques que ce petit canton de la Syrie; mais ils y ont conservé la modestie de leur état primitif; on en rencontre souvent dans la route, montés sur une mule, et suivis d'un seul sacristain. La plupart vivent dans les couvens, où ils sont nourris et vêtus comme les simples moines. Leur revenu le plus ordinaire ne passe pas quinze cents livres, et dans ce pays où tout est à bon marché, cette somme suffit pour leur procurer même l'aisance. Ainsi que les prêtres, ils sont tirés de la classe des moines. Leur titre, pour être élu, est communément une prééminence de savoir; elle n'est pas difficile à acquérir, puisque ces religieux et les prêtres ne connaissent pour la plupart que le catéchisme ou la Bible. Cependant il est remarquable que ces deux classes subalternes sont plus édifiantes par leurs mœurs et par leur conduite, que les évêques et le patriarche qui sont toujours livrés aux cabales et aux disputes de prééminence et de religion, et ne cessent de répandre le scandale et le trouble dans le pays. Sous prétexte d'exercer, selon l'ancien usage, la correction ecclésiastique, ils s'excommunient mutuellement eux et leurs adhérens; ils suspendent les prêtres de l'exercice de leurs fonctions, interdisent les moines, infligent des pénitences publiques aux laiques, en un mot ils ont conservé l'esprit brouillon et tracassier qui a été le fléau du Bas-Empire. La cour de Rome, souvent importunée de leurs débats, tache de les pacifier, pour maintenir en ces contrées le seul asile qu'y conserve sa puissance. Il y a quelque temps qu'elle fut obligée d'intervenir dans une affaire singulière dont le récit peut donner une idée de l'esprit des Maronites.

Vers l'an 1755, il y avait dans le voisinage de la maison des jésuites, une fille maronite nommée *Hendié*, dont la vie extraordinaire commença à attirer l'attention du peuple. Elle jeûnait, elle portait le cilice, elle avait le don des larmes, enfin elle avait tout l'extérieur des anciens ermites, et bientôt elle en eut la réputation. Tout le monde la regardait comme un modèle de piété, plusieurs la réputèrent pour sainte ; de là aux miracles le passage est court, dans tous les pays où l'ignorance favorise la crédulité ; et bientôt en effet le bruit courut qu'elle faisait des miracles. Pour bien concevoir l'impression de ce bruit ; il ne faut pas oublier que l'état des esprits dans le Liban est le même, à bien peu de chose près, qu'aux premiers siècles. Il n'y eut donc ni incrédules, ni plaisans, ni même de *douteurs*.

Hendié profita de cet enthousiasme pour l'exécution de ses projets, et se modelant, en apparence, sur ses prédécesseurs dans la même carrière, elle désira d'être fondatrice d'un ordre nouveau. Pour bâtir le couvent, il fallait des fonds ; elle sollicita la piété de ses courtisans, et leurs aumônes abondèrent, au point qu'on put élever en peu d'années deux vastes maisons en pierre de taille, dont la construction a dû coûter cinquante mille écus, somme prodigieuse pour ce pays. Le lieu qui fut choisi pour cet établissement, nommé le *Kourket*, est un dos de colline au nord-ouest d'*Antoura*, dominant à l'ouest, sur la mer qui en est très voisine et découvrant au sud jusqu'à la rade de Bairout, éloignée de quatre lieues. Le Kourket ne tarda pas à se peupler de moines et de religieuses. Le patriarche fut le directeur-général ; d'autres emplois grands et petits furent confiés à divers prêtres ou candidats que l'on établit dans l'une des maisons. Tout réussissait à souhait; il est vrai qu'il mourait beaucoup de religieuses, on en rejetait la faute sur l'air, et il était difficile d'en imaginer la vraie cause.

Il y avait près de vingt ans que *Hendié* régnait dans ce petit empire, quand un accident impossible à prévoir vint tout renverser. Dans des jours d'été, un commissionnaire venant de Damas à Bairout fut surpris par la nuit près de ce couvent ; les portes étaient fermées, l'heure indue ; il ne voulut rien troubler, et content d'avoir pour lit un monceau de paille, il se coucha dans la cour extérieure en attendant le jour. Il y dormait depuis quelques heures lorsqu'un bruit clandestin de portes et de verroux vint l'éveiller. De cette porte sortirent trois femmes qui tenaient en mains des pioches et des pelles ; deux hommes les suivaient portant un long paquet blanc, qui paraissait fort lourd. La troupe s'achemina vers un terrain voisin plein de pierres et de décombres. Là, les hommes déposèrent leur fardeau, creusèrent un trou où ils le mirent, recouvrirent le trou de terre qu'ils foulèrent, et, après cette opération, rentrèrent avec les femmes qui les suivirent. Des hommes avec des religieuses, une sortie faite de nuit avec mystère, un paquet pesant déposé dans un trou caché, tout cela donna à penser au voyageur. La surprise l'avait d'abord retenu en silence; bientôt les réflexions firent naître l'inquiétude et la peur, et il se déroba dès l'aube du jour pour se rendre à Bairout.

Il connaissait dans la ville un marchand qui, depuis quelques mois, avait placé ses deux filles au Kourket avec une dot de six mille livres; il alla le trouver hésitant encore, mais cependant brûlant d'impatience de raconter son aventure. On s'assit, les jambes croisées; on allume la longue pipe et l'on prend le café. Le marchand fait des questions sur le voyage : l'homme répond qu'il a passé la nuit près de Kourket; on demande des nouvelles, il en donne; enfin il s'épanche et raconte ce qu'il a vu. Les premiers mots étonnent le marchand; le paquet mis en terre l'inquiète, bientôt la réflexion vient l'alarmer. Il sait qu'une de ses filles est malade; il observe qu'il meurt beaucoup de religieuses; ces pensées le tourmentent, il n'ose admettre des soupçons trop graves, et il ne peut les rejeter. Dans cette perplexité, il monte à cheval avec un ami, ils vont ensemble au couvent, demandent à voir les deux novices, reçoivent pour réponse qu'elles sont malades. Le marchand insiste, et veut qu'on les apporte, on le refuse avec humeur; il s'opiniâtre, on s'obstine à refuser. Alors ses soupçons se tournent en certitude. Il part le désespoir dans le cœur, et va trouver à Dair-el-Kamas, Saad, kiaya du prince Yousef, commandant de la montagne. Il lui expose le fait et tous ses accessoires. Le kiaya en est frappé; il lui donne des cavaliers et un ordre d'ouvrir le couvent de gré ou de force. Le cadi se joint au marchand, et l'affaire devint juridique. D'abord, on fouille la terre, et l'on trouve que le paquet déposé est un corps mort que l'infortuné père reconnaît pour sa fille cadette. On pénètre dans le couvent, et l'on trouve l'autre en prison, et près d'expirer ; on la rend à la vie, et elle révèle des abominations qui firent frémir, et dont elle allait, comme sa sœur, devenir la victime. On saisit la sainte qui soutint son rôle avec autant de constance que de fermeté. On actionna les prêtres et le patriarche; ses ennemis se réunirent pour le perdre et profiter de sa dépouille. Il fut suspendu de ses fonctions et déposé.

L'affaire a été portée à Rome en 1776. La Propagande a informé, et l'on a découvert des infamies de libertinage et des horreurs de cruauté. Il a été constaté que Hendié faisait périr ses religieuses, tantôt pour profiter de leurs dépouilles, tantôt parce qu'elle les trouvait rebelles à ses volontés; que cette femme non-seulement communiait, mais même consacrait et disait la messe, qu'elle avait sous son lit des trous par lesquels on introduisait des personnes, au moment où elle prétendait avoir des extases et des visites du Saint-Esprit ; qu'elle avait une faction qui la prônait, et publiait qu'elle était la mère de Dieu revenue sur terre et mille autres extravagances. Malgré les crimes énormes que cette infame créature avait commis, elle a conservé un parti assez puissant pour se soustraire à la rigueur du traitement qu'elle méritait ; on s'est borné à la renfermer dans divers couvens dont elle s'est souvent évadée. En 1783, elle était à la visitation d'Antoura, et le frère de l'émir des Druses voulait la délivrer. Grand nombre de personnes croient encore à sa sainteté, et sans l'accident du voyageur, ses ennemis mêmes y croiraient aussi.

Dans le petit espace qui compose le pays des Maronites, on compte plus de deux cents couvens d'hommes ou de femmes. Leur règle est celle de saint Antoine ; ils la pratiquent avec une exactitude qui rappelle les temps passés. Le vêtement des moines est une étoffe de laine brune et grossière assez semblable à celle des capucins. Leur nourriture est la même que celle des paysans, à l'exception qu'ils ne mangent jamais de viande. Ils ont des jeûnes très fréquens, et de longues prières de jour et de nuit. Le reste de leur temps est employé à cultiver la terre, à briser les rochers pour former les murs des terrasses qui soutiennent les plants de vignes et de mûriers. Chaque couvent a un frère cordonnier, un frère tailleur, un frère tisserand, un frère boulanger, enfin un artisan de chaque métier nécessaire. On trouve toujours un couvent de femmes à côté d'un couvent d'hommes. Ces femmes mènent, dit-on, une vie très laborieuse, et cette activité est ce qui les garantit de l'ennui et des désordres qui accompagnent l'oisiveté. Aussi est-il rare d'entendre parler de scandale arrivé dans leurs maisons.

La cour de Rome, en s'affiliant les Maronites, leur a donné un hospice près du Saint-Siége, où ils peuvent envoyer plusieurs jeunes gens que l'on y élève gratuitement. Il semble que ce moyen aurait dû introduire parmi eux le goût des arts et les idées communément répandues dans l'Europe; mais les sujets de cette école, bornés à une éducation purement monastique, ne rapportent dans leur pays que la science de la langue italienne qu'ils oublient d'autant plus vite qu'elle leur devient inutile, et un savoir théologique qui ne les conduit à rien; aussi ne tardent-ils pas à rentrer dans la classe générale qui croupit dans l'ignorance la plus profonde. Trois ou quatre missionnaires que les capucins d'Europe entretiennent à Gazir, à Tripoli et à Bairout n'ont pas opéré plus de changemens dans les esprits maronites. Leur mission consiste à prêcher, à enseigner aux enfans le catéchisme, l'Imitation de J. C. et les Psaumes, et à leur enseigner à lire et à écrire. Une pareille instruction n'est pas propre à en faire des hommes, mais elle est dans les principes des prêtres catholiques qui trouvent leur intérêt plutôt à abrutir les peuples qu'à les éclairer. Le seul avantage qui ait résulté de ces travaux apostoliques, c'est d'avoir rendu l'art d'écrire plus commun parmi les Maronites qui sont devenus dans ces cantons ce que sont les Cophtes en Égypte, c'est-à-dire qu'ils se sont emparés de toutes les places d'écrivains, d'intendans et de kiayas chez les Turcs, et surtout chez les Druses, leurs voisins et leurs alliés.

Au sud du pays des Maronites, est celui des *Druses*, dont la contrée est divisée en plusieurs sections distinguées par la différence du sol et des productions, qui se composent de mines de fer et de bois de sapins, de mûriers et de vignes, de soie et de tabac. On désigne sous le nom de *Djourd,* la région la plus élevée et la plus froide. C'est là, que les pasteurs se retirent dans l'été avec leurs troupeaux. L'endroit le plus remarquable est Dair-el-Kamas, ou *maison de la lune*, qui est la capitale et la résidence des émirs. Ce n'est point une cité, mais un gros bourg, mal bâti et fort sale. Il est assis sur le revers d'une montagne, au pied de laquelle coule une des branches de l'ancien fleuve *Tamyras*, aujourd'hui ruisseau de Dâmour. Sa population est formée de Grecs catholiques et schismatiques, de Maronites et de Druses, au nombre de quinze à dix-huit cents ames. Le seraï, ou palais du prince, n'est qu'une grande et mauvaise maison qui menace ruine.

La religion a élevé une barrière entre cette peuplade et les autres Syriens. Cette nation, peu nombreuse, représente seule en Turquie la dignité de l'espèce humaine. Ces peuples, toujours redoutés comme rebelles, ou respectés comme vassaux libres par les pachas voisins, obéissent à un prince héréditaire. Plusieurs familles jouissent d'honneurs particuliers; mais une noble simplicité les rapproche tous dans la vie sociale.

Les Druses ont accueilli chez eux, des chrétiens Grecs et Maronites, et leur ont concédé des terrains pour y bâtir des couvens. Les Grecs catholiques en ont fondé douze, dans l'espace de soixante-dix ans. Le chef-lieu est *Mar-Hanna*. Ce monastère est situé en face du village de Chouair, sur une pente escarpée, au pied de laquelle coule en hiver un torrent qui va au *Nahr-el-Kelb*. La maison bâtie au milieu de rochers et de blocs écroulés, n'est rien moins que magnifique. C'est un dortoir à deux rangs de petites cellules, sur lesquelles règne une terrasse solidement voûtée; on y compte quarante religieux. Son principal mérite, est une imprimerie arabe, la seule qui ait réussi dans l'empire turc. Il y a cinquante ans qu'elle est établie; l'histoire de son établissement nous a paru présenter assez d'intérêt pour piquer la curiosité des lecteurs.

Dans les premières années du dix-huitième siècle, les jésuites profitant de la considération que leur donnait la protection de la cour de France, déployaient dans leur maison d'Alep, le zèle d'instruction qu'ils ont porté partout où ils se sont établis. Ils avaient fondé dans cette ville une école où ils s'efforçaient d'élever les enfans des chrétiens, dans la connaissance et la pratique de la religion catholique romaine, et dans la discussion des hérésies. Ce dernier article est toujours le point capital des missionnaires ; il en résulte une manie de controverse qui met sans cesse aux prises les partisans des différens rites de l'Orient. Les Latins d'Alep, excités par les jésuites, ne tardèrent pas à recommencer, comme autrefois, à argumenter contre les Grecs ; mais comme la logique exige une connaissance méthodique de la langue, et que les chrétiens exclus des écoles musulmanes ne savaient que la langue vulgaire, ils ne pouvaient satisfaire par écrit leur goût pour la controverse. Pour y parvenir, les Latins résolurent de s'initier dans le scientifique de l'arabe. L'orgueil des *docteurs* musulmans répugnait à en ouvrir la source à ce qu'ils appellent des *infidèles;* mais l'appât de l'argent leva leurs scrupules, et la science si vantée de la *grammaire* et du *Nahou* fut introduite chez les chrétiens, moyennant quelques bourses.

Le sujet qui se distingua le plus par les progrès qu'il fit dans cette science, fut un nommé *Abd-Allah-Zâker;* il y joignit un zèle particulier à propager ses connaissances et ses opinions. On ne peut déterminer les suites qu'eût pu avoir cet esprit du prosélytisme dans Alep; mais un accident, ordinaire en Turquie, vint en déranger la marche. Les schismatiques, blessés des attaques d'Abd-Allah, sollicitèrent sa perte à Constantinople. Le patriarche, excité par ses prêtres, le représenta au visir comme un homme dangereux; le visir, qui connaissait les usages, feignit de ne rien croire; mais le patriarche ayant appuyé ses raisons de quelques bourses, le visir les trouva bonnes, et lui délivra un *kat-chérif* ou *noble seing du sultan*, qui, selon la coutume, portait ordre de couper la tête à Abd-Allah. Celui-ci fut heureusement averti assez à temps pour pouvoir s'échapper, et il se sauva dans le Liban, où sa vie était en sûreté.

Mais, en quittant son pays, Abd-Allah n'abandonna pas ses idées de réforme, et il résolut au contraire de répandre ses opinions avec plus de vigueur que jamais. Il ne le pouvait plus que par des écrits, la voie des manuscrits lui parut insuffisante; il connaissait les avantages de l'imprimerie; il eut le courage de former le projet d'écrire, de fondre et d'imprimer. Il parvint à l'exécuter par son esprit, sa fortune, et son talent de graveur qu'il avait acquis et exercé dans la profession de joaillier. Il avait besoin d'un associé, et il eut le bonheur d'en trouver un qui partagea son entreprise. Son frère, qui était supérieur à *Mar-Hanna*, le détermina à choisir cette résidence ; et dès-lors, libre de tout autre soin, il se livra tout entier à l'exécution de son projet.

Son zèle et son activité eurent tant de succès, que dès l'année 1733 il fit paraître les psaumes de David en un volume. Ses caractères furent trouvés si corrects et si beaux, que ses ennemis mêmes achetèrent son livre. Depuis ce temps, l'impression en a été renouvelée dix fois. On a fondu de nouveaux caractères, mais on n'a rien fait de supérieur aux siens. Ils imitent parfaitement l'écriture à la main ; ils en observent les pleins et les déliés, et n'ont point l'air maigre et décousu des caractères arabes d'Europe. Il passa ainsi vingt années à imprimer divers ouvrages, qui furent la plupart des traductions de nos livres de dévotion.

Après la mort d'Abd-Allah arrivée vers 1755, son élève lui succéda ; à celui-ci ont succédé des religieux de la maison même ; ils ont continué d'imprimer et de fondre ; mais l'établissement est languissant, et menace de prendre fin. Les livres se vendent peu, à l'exception des psaumes dont les chrétiens ont fait le livre classique de leurs enfans, et qu'il faut, par cette raison, renouveler sans cesse. Les autres livres ont très peu de débit, parce que le choix que l'on a fait est mauvais. Au lieu d'avoir traduit des ouvrages d'une utilité pratique, et qui fussent propres à éveiller le goût des arts chez tous les Arabes sans distinction, on n'a traduit que des livres mystiques exclusivement propres aux chrétiens, et qui, par leur morale misanthropique, ne sont faits que pour fomenter le dégoût de toute science, et l'ennui le plus profond.

Le régime de cette maison et les mœurs des moines qui l'habitent, offrent quelques singularités qui méritent que j'en fasse mention. La règle de leur ordre est celle de saint Basile, qui est pour les Orientaux, ce que saint Benoît est pour les Occidentaux ; seulement ils y ont fait quelques modifications relatives à leur position. Ils peuvent prononcer les vœux dès l'âge de seize ans, selon l'attention qu'ont eue tous les législateurs monastiques de captiver l'esprit de leurs prosélytes dès le plus jeune âge, pour le plier à l'institut. Ces vœux sont, comme partout, ceux de pauvreté, d'obéissance, de dévouement et de chasteté ; mais il faut avouer qu'ils sont plus strictement observés dans ce pays qu'en Europe, et que la condition des moines d'Orient est généralement assez dure; on en peut juger par le tableau de leur vie domestique.

Chaque jour, ils ont sept heures de prières à l'église, et personne n'en est dispensé; ils se lèvent à quatre heures du matin, se couchent à neuf du soir, et ne font que deux repas : l'un à neuf, et l'autre à cinq heures. Ils font perpétuellement maigre, et se permettent à peine de la viande dans les plus grandes maladies; ils ont comme les autres Grecs, trois carêmes par an, une foule de jeûnes, pendant lesquels ils ne mangent ni œufs, ni lait, ni beurre, ni fromage. Presque toute l'année ils vivent de lentilles à l'huile, de fèves, de riz au beurre, de lait caillé, d'olives et d'un peu de poisson salé. Leur pain est une petite galette grossière et mal levée, dure le second jour, et qu'on ne renouvelle qu'une fois par semaine.

Le logement de chacun de ces moines est une étroite cellule qui n'a pour tout meuble qu'une natte, un matelas, une couverture. Ils n'ont point de draps et couchent tout vêtus. Leur vêtement consiste en une grosse chemise de coton rayée de bleu, un caleçon, une camisole et une robe de bure brune, si roide et si épaisse qu'elle se tient debout sans faire un pli. Contre l'usage du pays, ils portent des cheveux de huit pouces de long, et au lieu de capuchon ils ont sur la tête un cylindre de feutre, haut de dix pouces, tel que celui des cavaliers turcs.

Chacun d'eux, à l'exception du supérieur, du dépensier et du vicaire exerce un métier d'un genre nécessaire à la maison. L'un est tisserand et fabrique les étoffes, l'autre est tailleur et coud les habits, celui-ci est cordonnier et fait des souliers, celui-là est maçon et dirige les constructions. Deux sont chargés de la cuisine, quatre travaillent à l'imprimerie, quatre à la reliure, et tous aident à la boulangerie le jour que l'on fait le pain.

Ces religieux s'abstenaient originairement de boire du vin ; mais par une marche commune à toutes les sociétés de ce genre, ils se sont déjà relâchés de leur austérité première ; ils commencent aussi à faire usage de la pipe et du café, malgré les réclamations des anciens, jaloux en tout pays, de perpétuer les habitudes de leur jeunesse.

Le même régime a lieu pour toutes les

maisons de l'ordre qui, ainsi que je l'ai dit, sont au nombre de douze. On porte à cent cinquante sujets la totalité des religieux, à quoi il faut ajouter cinq couvens de femmes qui en dépendent. Les premiers supérieurs qui les fondèrent, crurent avoir fait une bonne opération, mais aujourd'hui l'ordre s'en repent, parce que des religieuses en pays turc sont une chose dangereuse, et qu'en outre elles dépensent plus qu'elles ne rendent. On n'ose cependant pas les abolir, parce qu'elles tiennent aux plus riches maisons d'Alep, de Damas et du Caire, qui se débarrassent de leurs filles, en les reléguant dans ces convens, moyennant une dot.

Après Mar-Hanna, le couvent le plus remarquable est *Dair-Mokallès* ou couvent de Saint-Sauveur. Il est situé à trois heures de chemin au nord de *Saide*. Les religieux avaient dans ces derniers temps amassé une grande quantité de livres arabes imprimés et manuscrits, mais la guerre ayant pénétré dans ces cantons, les soldats pillèrent la maison et dispersèrent les livres.

En revenant à la côte, on remarque d'abord Saide, rejeton dégénéré de l'ancienne Sidon. Cette ville, ci-devant résidence du pacha, est, comme toutes les villes turques, mal bâtie, malpropre et pleine de décombres modernes. Elle occupe, le long de la mer un terrain d'environ six cents pas de long sur cent cinquante de large. Dans la partie du sud, le terrain qui s'élève un peu a reçu un fort, d'où l'on domine la mer, la ville et la campagne; mais cet ouvrage, qui n'est qu'une grosse tour à un étage, est déjà à demi ruiné et ne résisterait pas à une légère volée de canons. A l'autre extrémité de la ville, c'est-à-dire au nord-ouest, est le château, bâti dans la mer à quatre-vingts pas du continent, auquel il tient par des arches.

A l'ouest de ce château est un écueil de quinze pieds d'élévation au-dessus de la mer; et d'environ deux cents pas de long.

L'espace compris entre cet écueil et le château sert de rade aux vaisseaux, mais ils n'y sont pas en sûreté contre le gros temps. Le rivage qui règne le long de la ville est occupé par un bassin enclos d'un môle ruiné. C'était jadis le port; mais le sable l'a rempli, au point qu'il n'y a que son embouchure près le château qui reçoive des bateaux. Le bassin de Saide, s'il était dégagé de ses encombres, pourrait contenir vingt à vingt-cinq petits bâtimens. Du côté de la mer, la ville est absolument sans murailles; du côté de la terre, celle qui l'enceint n'est qu'un mur de prison. Saide est assez commerçante parce qu'elle est l'entrepôt principal de Damas et du pays intérieur. Les Français y ont un consul et cinq à six maisons de commerce. Leurs retraits consistent en soie et surtout en cotons bruts ou filés. Le travail de ce coton est la principale branche d'industrie des habitans, dont le nombre s'élève à environ cinq mille ames.

La grande vallée qui sépare les deux chaînes principales du Liban, et dont les modernes désignent la partie orientale sous le nom d'Anti-Liban, est occupée par les Motoualis, gouvernés comme les Druses par des cheiks et des émirs. Ces peuples, dont la cavalerie passait pour invincible, se sont fait redouter des Turcs; mais la discorde s'est introduite parmi eux, et les a singulièrement affaiblis.

Après avoir traversé les gorges stériles de l'Anti-Liban dans l'intention de nous rendre à Palmyre, nous nous arrêtâmes à Carra, village assez considérable, mais moins ruiné que ceux qui l'avoisinent. Il n'est pas rare de trouver dans ces contrées des villages sans habitans, et des habitans sans asile. Ce n'est pas sans éprouver beaucoup de fatigue et d'ennui que l'on vient à bout de traverser le désert qui mène jusqu'à Palmyre.

C'est une vaste plaine où l'on n'aperçoit que du sable, sans y trouver une

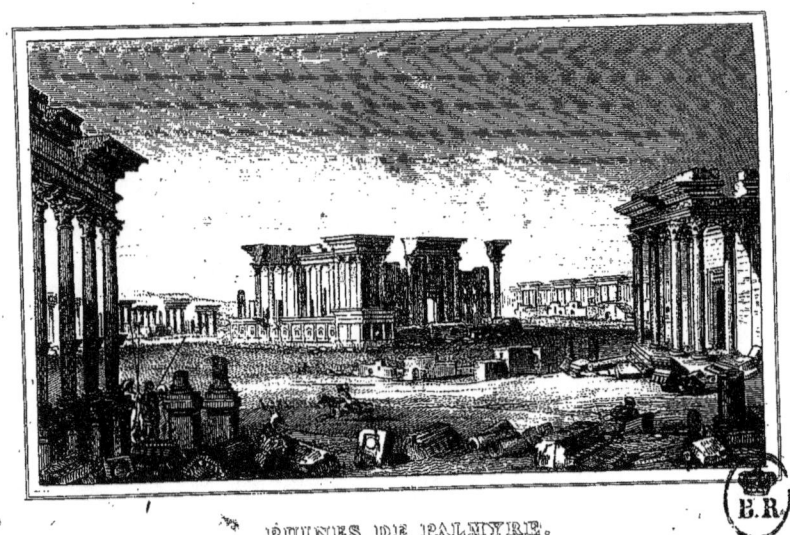

RUINES DE PALMYRE.

seule goutte d'eau, et il serait imprudent de se mettre en route, sans en avoir fait provision tant pour soi que pour les animaux dont on est ordinairement accompagné. Au bout de cette plaine est un aqueduc qui anciennement conduisait l'eau dans Palmyre. Plusieurs tours carrées, que l'on voit ensuite, étaient le lieu de la sépulture des anciens habitans de cette ville fameuse. Ces monumens suffiraient seuls pour donner une haute idée de son antique opulence. Cependant ce n'est que très peu de chose, comparé aux ruines de Palmyre même.

Quel magnifique amas de bases, de colonnes, de chapiteaux, les uns renversés et accumulés, les autres encore debout. Tous ces riches débris sont de marbre blanc et les colonnes d'ordre corinthien. Elles forment le coup-d'œil le plus imposant et le plus extraordinaire qu'il soit possible d'imaginer. Les misérables cabanes qui servent d'asile aux modernes habitans de Palmyre, achèvent de relever la magnificence de ces ruines antiques. Ce fut toutefois dans ces cabanes qu'il nous fallut habiter, et dès le lendemain de notre arrivée nous donnâmes carrière à notre curiosité.

La ville de *Palmyre* est, ou pour parler plus juste, fut très avantageusement située. Son sol est fertile, quoiqu'il soit environné de toutes parts par un désert vaste et sablonneux. Ce désert la séparait en quelque sorte du reste du monde, ce qui lui procura l'avantage de conserver long-temps sa liberté. Les Romains et les Parthes briguaient son alliance lorsqu'ils voulaient se faire la guerre ; mais elle ne fut jamais plus illustrée que sous le règne de la célèbre reine Zénobie ; dont vous connaissez l'histoire.

Palmyre est, d'un côté, commandée par une file de montagnes, de l'autre elle commande à une vaste plaine. On voit sur ces montagnes quelques restes de monumens funèbres qui donnent une idée de la magnificence avec laquelle on les avait construits. Un des plus grands avantages de cette ville, est l'abondance de ses eaux qui fertilisent son territoire, tandis que tout ce qui l'entoure est inculte et aride.

Si la vue des ruines de Palmyre excite l'étonnement et l'admiration, ces deux sentimens se font bien plus vivement sentir à l'aspect du temple du soleil dont, à quelques ruines près, l'ensemble subsiste encore. La grande magnificence de ce temple prouve que les Palmyriens avaient une grande vénération pour l'astre qui nous éclaire. Les Turcs moins dévots au soleil qu'à la lune, et moins partisans des arts que des armes, ont fait de ce temple une place forte. Ils l'ont environné en partie d'un fossé, et ont substitué une tour carrée à son principal portique.

Il n'est point de lieu plus propre que

Palmyre à donner une véritable idée du goût et de la magnificence des anciens ; mais, en même temps, quel contraste entre ces restes surprenans de grandeur et les misérables cabanes qui les environnent ; entre les sujets de Zénobie et les modernes habitans de ces ruines ! Les premiers copiaient de grands modèles dans leurs vertus comme dans leurs vices. Ils imitaient les Égyptiens dans la magnificence de leurs bâtimens et dans la méthode d'embaumer les corps; ils portaient le luxe aussi loin que les Persans leurs voisins ; ils devaient aux Grecs la connaissance des lettres et des arts. Le traité de Longin sur le sublime, ouvrage né parmi eux, prouve les progrès qu'ils avaient faits en littérature. Zénobie elle-même était très savante, elle possédait la connaissance de plusieurs langues, telles que la grecque, l'égyptienne, la latine, etc. Elle traduisait même le latin en grec, et a composé une histoire d'Alexandrie et du Levant.

Elle était digne élève de Longin qui était lui-même digne d'avoir des élèves dans tous les siècles.

Quant aux Arabes qui habitent aujourd'hui Palmyre, leur grand avantage est de vivre dans un climat fort sain, d'y respirer un air très pur; aussi les deux sexes y jouissent-ils d'une santé robuste. La nourriture des moins pauvres se compose de chair de mouton et de chèvre. Ils ont aussi une sorte de luxe, qui consiste à pendre des anneaux d'or ou de cuivre à leurs oreilles et à leur nez. Ils se peignent les lèvres en bleu, les yeux et les sourcils en noir, le bout des doigts en rouge. Les hommes et les femmes y sont d'une taille avantageuse et bien prise; ils ont le teint basané, mais les traits réguliers et agréables. Les femmes y sont voilées comme dans tout le Levant, mais elles se laissent voir, et on peut lever leur voile sans qu'elles en témoignent le moindre mécontentement.

L'origine de Palmyre est incertaine; on croit cependant pouvoir l'attribuer à Salomon, qui la fit bâtir, dit-on, sur le lieu même où son père tua le géant Goliath. Il lui donna le nom de Tadmor. Ce sont les Grecs et les Romains qui, quelques siècles après, lui donnèrent celui de Palmyre; mais les Syriens lui conservèrent son premier nom. Cette ville paraît avoir été connue fort tard des Romains et des Grecs, mais il est probable que c'est à eux seuls qu'il faut attribuer la meilleure partie de ses plus beaux édifices. L'ordre corinthien, qui s'y fait remarquer, était ignoré de Salomon et de ses architectes. Les habitans actuels sont trop ignorans, pour que l'on puisse en obtenir les moindres renseignemens. Ils nous montrèrent le sérail de Salomon, le tombeau de sa concubine favorite, et autres édifices particuliers, et nous dirent : « Toutes ces choses ont « été bâties par Salomon fils de David, « avec le secours des esprits. »

LETTRE V.

Turquie d'Asie. — La Palestine. — Le Mont-Thabor. — Jérusalem. — Béthanie. — Bethléem. — Tyr ou Sour. — Tarabolos.

La *Palestine* est une des plus petites et des plus célèbres contrées de la terre; elle doit du moins être pour nous une des plus intéressantes. On ne peut y faire un pas sans se rappeler quelque mystère ou quelque prodige. Ce fut dans ce pays que Moïse, après beaucoup de fatigues et de miracles, conduisit les Juifs au sortir de l'Égypte. Ces nouveaux habitans exterminèrent les anciens, et furent eux-mêmes souvent molestés et subjugués, tantôt par les Philistins, tantôt par les Assyriens, tantôt par d'autres peuples.

Les Romains, ces vainqueurs de la terre, ne les jugèrent pas indignes de leurs armes. Jérusalem fut soumise à leur domination, après un siége des plus sanglans et des plus mémorables. Des Romains elle passa aux Grecs, et de ceux-ci aux Arabes. Les Arabes en furent chassés à leur tour, par les Sarrasins qui en restèrent possesseurs jusqu'aux croisades. Les Turcs parurent ensuite sur la scène, détruisirent l'empire des califes, expulsèrent les chrétiens de la Palestine, et en sont aujourd'hui les maîtres.

Ces diverses révolutions amenèrent avec elles différentes lois, différens usages. Ce petit coin de la terre éprouva toutes les formes de gouvernement, et ne fut heureux sous aucun. Aujourd'hui ce pays est gouverné par des pachas sous l'autorité du grand-seigneur, mais le principal de ces gouverneurs est le pacha de Jérusalem. Les Arabes cependant ont su y conserver quelque ombre de puissance, et le pays de Samarie est spécialement affecté à l'émir chargé d'escorter la caravane des pélerins de la Mecque.

Le *Mont-Thabor* est la montagne la plus escarpée de la Palestine. Son sommet, autrefois fortifié, n'offre plus que des ruines au milieu d'un terrain fertile, et planté d'arbres tout autour. Ces ruines sont les restes des édifices que sainte Hélène, et le prince Tancrède y avaient fait bâtir. Le seul monument qui reste de la piété de cette princesse, est un hôpital à l'usage des Turcs.

Du haut de cette montagne, dont la forme est pyramidale, la vue se promène sur plusieurs autres et sur une partie de la Palestine. On y découvre le mont Hermon, rafraîchi tous les matins par une rosée, et au pied duquel le fils de la veuve fut ressuscité; les montagnes arides de Gelbaï; l'endroit où Saül conféra avec la magicienne; la montagne d'où les pourceaux possédés du démon se précipitèrent dans la mer de Tibériade, qui est au-dessus ; la montagne des Offenses où Salomon fit bâtir les hauts lieux, au-dessus du village, où il tenait ses femmes étrangères ; le désert de Saint-Jean, situé sur une montagne escarpée ; le mont Moriah, où quelques-uns croient que se fit le sacrifice d'Abraham, et qui depuis fut plus illustre encore par la mort du fils de Dieu ; enfin plusieurs autres montagnes, toutes rendues célèbres par quelque fait consacré dans l'Écriture.

La fontaine de Cana, dont nous ne manquâmes pas de goûter l'eau, n'est pas éloignée de ces lieux. La fameuse vallée de Josaphat, située entre les montagnes de Mona, et de Sion, où l'on dit que doit se faire le jugement universel, ne nous paraît pas avoir plus de trois milles d'étendue. On croit qu'elle a été ainsi nommée de *Josaphat*, roi de Juda, qui y fit bâtir sa sépulture, ou parce que ce mot signifie *jugement du seigneur*. C'est dans cette vaste vallée que coule le torrent de Cédron, qui, dans sa plus grande largeur, n'a pas plus de quatre pieds, et n'a de l'eau qu'en temps de pluie.

Non loin de là est le cimetière des Juifs, qui paient fort cher pour s'y faire enterrer. Ils se flattent que cette proximité leur procurera l'avantage d'assister les premiers, et d'être mieux placés que les autres au dernier jugement.

On n'entre dans *Jérusalem*, quand on est étranger, qu'avec la permission du gouverneur. Cette malheureuse cité n'a pas même conservé son ancien emplacement. Le mont Calvaire, sur lequel est bâtie l'église du Saint-Sépulcre, était autrefois réputé infame, et comme tel situé hors de la ville. Aujourd'hui il en occupe le milieu, et l'on a exclu de son enceinte le mont Sion sur lequel le temple était construit. Au pied du Calvaire sont trois tombeaux, dont l'un est de porphyre, et renferme, à ce qu'on prétend, les cendres du grand sacrificateur Melchisédech. Les deux autres sont de construction plus moderne; Godefroi de Bouillon et Baudoin son frère y sont enterrés.

L'église du Saint-Sépulcre, sans être fort grande, contient une douzaine de sanctuaires différens. Chacun d'eux rappelle quelque circonstance de la mort de Jésus-Christ. On a élevé des autels dans plusieurs de ces endroits, tels que ceux où le Christ fut insulté par les soldats, dépouillé de ses habits, retenu prisonnier, attaché à la colonne, élevé sur la croix, embaumé, déposé dans le sépulcre, etc.

Pour construire cette église sur une montagne inégale, il a fallu raser quelques parties du terrain, et en élever d'autres; mais comme on voulait conserver en entier celles qui avaient servi à la passion, on prit le parti d'enfermer dans l'église même des portions du rocher. Tel est, en particulier, l'endroit où fut placée la croix du Sauveur, et auquel on monte par vingt-deux marches. Tel est aussi le sépulcre, qui, d'abord taillé dans le roc, est à présent fort élevé au-dessus de terre. La pierre qui le couvrait a, dit-on, été enlevée par les Arméniens, qui la gardent dans leur église.

C'est ici le lieu de vous parler des cérémonies de la Passion. Elles sont une répétition de ce que les juifs firent souffrir à Jésus-Christ. Pour commencer cette cérémonie, on éteint toutes les lumières, et un moine prêche pendant une demi-heure dans l'obscurité. Ensuite chacun prend un cierge allumé, et s'en va visiter les sanctuaires de la flagellation, de la prison, de la division des vêtemens et de la dérision. Là, on chante des hymnes, et l'on fait des sermons tantôt en italien, tantôt en espagnol, tantôt en français. On porte, à la tête de cette grande procession, une croix sur laquelle l'image de Jésus-Christ, de grandeur naturelle, est attachée avec des clous, sa tête couronnée d'épines, le visage ensanglanté; ouvrage d'un travail peut-être unique. On monte ensuite au Calvaire; on pose le crucifix à terre, on imite l'action du crucifiement, et on place la croix dans le même trou où elle fut, dit-on, placée anciennement. Deux moines ensuite détachent de la croix ce corps simulé, mais si bien fait que les membres en sont aussi souples que s'ils étaient de chair. On le reçoit dans un linceul, on jette dessus des herbes odoriférantes, et on le dépose dans le sépulcre.

Je reviens au local de ce qu'on nomme aujourd'hui *la sainte cité*, qui n'offre plus que de misérables ruines. La plupart des lieux cités dans l'Ancien et le Nouveau Testament ont ici changé de forme. Il est vrai que la prison d'où l'ange délivra saint Pierre sert encore à renfermer les prisonniers; mais la maison de Zébédée est devenue une église, ainsi que la maison de saint Marc. La maison où l'on cracha au visage de Jésus-Christ a été changée aussi en église, et l'église bâtie sur celle de saint Thomas est devenue une mosquée. Le couvent des Arméniens, situé sur un terrain vaste et spacieux mérite qu'on s'y arrête. Dans leur église, construite sur le lieu où saint Jacques fut décapité, on doit surtout remarquer une chaire revêtue d'écailles de tortue et de nacre de perle, travaillée avec beaucoup de goût. On y fait voir plusieurs pierres, sans doute rassemblées depuis long-temps : celle sur laquelle Moïse brisa les tables de la loi ; celle où le Messie fut baptisé, et une autre tirée de l'endroit où se fit la transfiguration.

Au sortir de ce couvent nous allâmes voir les caves situées dans un jardin au pied du mont Moriah. Nous remarquâmes, pendant le tour que nous fûmes obligés de faire, la maison qui servait de palais à Pilate, et qui n'en est pas un aujourd'hui. On lit encore sur le mur, au-dessus d'une porte, ces mots dictés par la fureur des Juifs : *Tolle, crucifige.* Nous vîmes la chambre où Jésus-Christ fut flagellé, celle où il fut revêtu des marques de la royauté, bafoué et souffleté ; le lieu où Pilate le montra au peuple, et plus loin celui où il tomba sous le poids de l'instrument de son supplice ; celui où la Vierge s'évanouit ; celui où sainte Véronique essuya le visage de l'Homme-Dieu, enfin celui où Simon fut obligé de porter la croix. Nous nous arrêtâmes aussi à considérer quelques rochers conservés au-dessus de Bethséda, et la grotte où est née la Vierge, située dans le couvent des religieuses de Sainte-Anne.

Les caves du mont Moriah, construites pour agrandir l'aire du temple, ont cent cinquante pieds de profondeur, et forment deux allées couvertes par de grandes pierres, et soutenues sur de hauts piliers d'une seule pierre de six pieds de diamètre. Le temple est entièrement détruit, et à sa place est une petite mosquée qui n'a d'avantageux que sa situation ; mais cette situation suffit seule pour lui donner un air imposant ; on la croit précisément bâtie à l'endroit où fut le saint des saints. A quelque distance de là, on voit encore la magnifique porte du temple, seul reste échappé à la ruine de ce superbe édifice. Les Turcs l'ont fait murer, parce qu'une de leurs prophéties les avertit que leur destruction doit entrer par cette porte.

Après avoir parcouru la ville de Jérusalem, nous crûmes devoir en faire le tour et en examiner les environs. Nous vîmes la grotte où le prophète Jérémie écrivit ses lamentations, et la prison où il fut enfermé. Elles n'ont rien de remarquable que le respect que leur portent également les juifs, les Turcs et les chrétiens. Le sépulcre des rois, taillé dans le roc vif, est peut-être un des plus beaux monumens de l'antiquité ; son entrée conduit à une cour que le rocher environne. Au midi est un portique orné de sculptures, où l'on distingue encore des fleurs et des fruits. On descend, à son extrémité, aux sépulcres, qui sont six chambres de la même grandeur, mais dont le plafond et les côtés sont si exactement carrés, les angles si justes, et le tout si bien conservé, qu'on croit voir un appartement pratiqué dans un bloc de marbre. Ces chambres, excepté la première, contiennent des cercueils de pierre, placés dans des niches sur les côtés, et couverts autrefois d'autres pierres sur lesquelles étaient sculptés différens feuillages ; mais ces pierres ont été brisées. Chaque chambre est toujours sèche, au moyen d'une rigole qui reçoit l'eau qui distille continuellement du plafond et des côtés. Il ne reste plus à cet édifice qu'une seule porte, faite d'une seule pierre, et taillée aussi artistement que pourrait l'être une pièce de bois.

Notre guide nous conduisit ensuite à un couvent d'Arméniens, où est une cellule qui servit de prison à Jésus-Christ, et le lieu où saint Pierre renia son maître. Il nous fit voir de loin une mosquée bâtie sur les débris d'une église, qui elle-même, l'avait été sur ceux de la maison où fut institué le sacrement de l'eucharistie. Nous remarquâmes, en passant, le puits où se séparèrent les apôtres pour aller répandre au loin le christianisme. Nous vîmes les ruines de la maison où mourut la Vierge ; l'endroit où certain juif arrêta son corps lorsqu'on le portait en terre ; la grotte où saint Pierre pleura son infidélité ; l'étang où se baignait, dit-on, Bethsabée, quand elle fut aperçue par David ; et le *champ du sang*, ainsi nommé parce qu'il fut acheté du prix de la trahison de Judas. Ce lieu sert aujourd'hui de sépulture aux Arméniens. Nous vîmes aussi la maison où l'on dit que se cachèrent les apôtres ; le puits de Néhémie, où fut mis le feu sacré; l'étang de Siloé, la fontaine où la Vierge allait puiser de l'eau, enfin l'endroit où Judas se pendit.

Après avoir vu le sépulcre de Zacharie et le pilier d'Absalon, deux antiquités fameuses dans ce pays, nous nous arrêtâmes au sépulcre de la Vierge, souterrain dans lequel on descend par un bel escalier de quarante-sept degrés. Dans le même endroit sont les tombeaux de sainte Anne et de saint Joseph. Près de là se trouvent la pierre où saint Étienne fut lapidé, la grotte où les Juifs jetèrent son corps, et le sépulcre des prophètes qui forment plusieurs grottes communiquant les unes aux autres. Nous vîmes aussi le rocher sur lequel saint Pierre, saint Jacques et saint Jean s'endormirent pendant l'agonie du fils de Dieu; l'endroit où Judas se promenait lorsqu'il livra son maître, lieu méprisé par les Turcs mêmes. Ces derniers ont élevé une mosquée dans la place où l'on prétend qu'était Jésus-Christ lorsqu'il monta au ciel. Il est présumable que c'est moins par dévotion pour ce lieu, que dans le but de tirer bon parti de celle des chrétiens.

A une demi-lieue de Jérusalem est *Béthanie*, village dont la première maison a appartenu au Lazare, et près de là le tombeau où l'on assure qu'il ressuscita. C'est un petit réduit précédé d'un autre dans lequel on descend par trente-cinq marches. On montre encore la maison où la Madeleine répandit des parfums sur les pieds du Sauveur. La montagne des apôtres, celle où le Fils de Dieu fut tenté, celle où il eut une conférence avec le diable, sont proches de Béthanie. De là, en tournant dans la plaine de Jéricho, nous rencontrâmes la source qu'Elisée purgea de sa mauvaise qualité, et le village de Jéricho qui n'est à présent que la demeure de quelques pauvres Arabes.

Plus loin on trouve les ruines d'une vieille église et d'un couvent dédiés à saint

Jean-Baptiste, proche du lieu où il baptisa Jésus-Christ.

Le lendemain nous cherchâmes près de la Mer-Morte, aujourd'hui *Asphaltite*, quelques restes de Sodome et de Gomorrhe, mais toutes nos recherches furent vaines. On dit cependant qu'on en retrouve quelques vestiges quand les eaux sont basses, épreuve que nous ne fûmes pas à même de faire. On voulut aussi nous persuader que la femme de Loth, ou plutôt la statue en laquelle fut métamorphosée cette femme trop curieuse existait encore. Si cela est, nos statuaires devraient préférer la pierre de sel au marbre et au porphyre. Peu de leurs ouvrages sont en état de braver durant quatre mille ans les injures de l'air et l'intempérie des saisons.

Nous ne pouvions nous dispenser de visiter *Bethléem*; nous en reprîmes la route, et vîmes, en passant, plusieurs objets dignes d'occuper une pieuse curiosité : tels que la maison de Siméon; le térébinthe sous lequel la Vierge s'assit en allant présenter son fils au temple ; un couvent dédié au prophète Élie, où l'on nous montra la pierre qui lui servit de lit ; le tombeau de Rachel ; enfin les pois maudits par la Vierge, pois que cette malédiction métamorphosa en pierres. Arrivés à Bethléem, on nous conduisit à la crèche, à la chapelle de Saint-Joseph, à celle des Innocens, à celles de Saint-Paul, d'Eusèbe et de Saint-Jérôme. Ce qu'elles ont de méritoire c'est de rappeler les faits sur les lieux mêmes où ils se sont passés.

Au midi de Bethléem, à une distance de cinq quarts de lieues, se trouvent les étangs et les jardins imaginés et dessinés par Salomon. Non loin de là est un aqueduc grec détruit par les Turcs, et près de cet endroit est une grotte où la Vierge et son fils se mirent à l'abri de la fureur d'Hérode, pendant que saint Joseph préparait les vivres nécessaires pour leur voyage en Égypte. En revenant à Jérusalem nous vîmes le couvent de Saint-Jean, dont l'église a trois nefs, avec une belle coupole et un pavé de marbre; la grotte où l'on prétend que Marie salua Elisabeth et chanta le *Magnificat;* le couvent de Sainte-Croix, fondé par sainte Hélène, mère de l'empereur Constantin, et ainsi nommé par ce qu'il fut, à ce que les moines assurent, sur l'endroit même où était l'arbre dont on a fabriqué la croix du Sauveur. Nous allâmes aussi visiter Nazareth. L'église, bâtie en forme de croix, contenait plusieurs piliers dont une partie a été abatue, ce qui n'empêche pas l'édifice de se soutenir à l'aide de ceux qui subsistent encore. Près de cette église est la maison de saint Joseph et la synagogue où prêcha Jésus-Christ.

En parcourant la *Palestine*, on a bien de la peine à croire que ce petit espace de terrain ait pu suffire autrefois pour nourrir un grand peuple. L'industrie, sans doute, suppléait au défaut de fertilité; on dit que les montagnes nues et incultes aujourd'hui, produisaient alors du blé et toutes sortes de légumes. Ce ne sont plus que des déserts, des paysages affreux, des précipices effrayans. Il y a cependant quelques cantons un peu cultivés, quelques pâturages, quelques endroits où il croît du maïs, du riz, du tabac et du coton. La plaine de Jéricho et celle d'Esdraélon font regretter qu'elles ne soient pas en des mains plus laborieuses.

Parmi les plantes, les fleurs et les fruits que produit encore la Judée, on remarque la rose de Jéricho, qui ressemble à la fleur de sureau; la mandragore, que Lia donna à Rachel, fruit désagréable et malsain, de la grosseur d'une pomme ordinaire; l'herbe nommée *nité* dont la graine, transportée en Égypte, sert à faire de la teinture bleue. On y trouve aussi la zachone, fruit semblable à une noix encore verte, et qui croît sur un buisson fort épineux. On pile ce fruit dans un mortier, on le jette dans une chaudière bouillante, où il produit une huile qui, prise intérieurement, est excellente pour les contusions et guérit les blessures nouvelles.

Le règne animal est à peu près le même que dans les autres cantons de la Syrie. A l'égard des sauterelles dont il est dit que saint Jean-Baptiste se nourrissait dans le désert, nous avons appris des habitans du pays, qu'il existait un animal de ce nom, semblable à un oiseau, qui se multiplie prodigieusement, et dont les Arabes font du pain dans les années stériles. On les fait aussi rôtir en les arrosant avec du beurre, ou on les fait fricasser pour les manger en ragoût.

Le Jourdain est le seul fleuve qui arrose la Palestine. Il la traverse tout entière, se jette ensuite dans la mer de Tibériade, et va de là se perdre dans la *Mer-Morte*. Ces deux mers ne sont que deux grands lacs. Celui de Tibériade n'a guère que six à sept milles de largeur, sur une longueur d'environ dix-neuf milles. Ce lac tire son nom de la ville de Tibériade, qu'Hérode fit bâtir en l'honneur de Tibère, et dont plusieurs ruines annoncent la grandeur. La Mer-Morte borne la plaine de Jéricho. On ramasse, au-dessus de ses eaux, une sorte de bitume qui ressemble à de la poix.

Non loin de là, on trouve sur les montagnes une espèce de pierre sulfureuse qui, lorsqu'on la met au feu, y devient plus légère, sans perdre de sa grosseur, et répand une odeur insupportable. Les eaux de ce lac sont salées, d'un mauvais goût, amères et très puantes; mais il est faux que les oiseaux qui volent au-dessus, tombent morts. On trouve même sur les bords plusieurs coquillages qui donnent lieu de croire que cette mer nourrit quelques poissons. La Judée offre aussi des sources d'eau chaude, une entre autres dans laquelle on ne saurait tenir la main.

La Terre-Sainte est soumise à la religion des Turcs, et, parmi les chrétiens, la religion dominante est la romaine. Il y a cependant quelques églises du rit grec. On prétend aussi que les Samaritains ont un culte particulier sur une montagne voisine de *Naplouse*, l'ancienne Néapolis du siècle d'Hérode. Cette ville plus connue sous le nom de *Sichem* renferme, dans des maisons de peu d'apparence, une population considérable pour ce pays désert. Son territoire produit du blé, des olives et du coton.

Le Jourdain, dans la partie supérieure de son cours, sépare du pays de Dcahaulan, la fertile et pittoresque Galilée. Cette contrée serait un paradis terrestre si elle était habitée par un peuple actif et industrieux. On y voit des ceps de vigne d'un à deux pieds de diamètre, qui portent des grappes de raisin d'un à trois pieds de long. Une seule avec de l'eau et du pain suffit au souper d'une famille entière.

Après quelque séjour dans la capitale de la Palestine, nous allâmes d'abord à Jaffa qui a un port sur la mer du Levant. C'est l'endroit de débarquement des pèlerins qui se rendent à Jérusalem. Nous gagnâmes ensuite la ville d'*Acre*, l'ancienne Ptolémaïde, théâtre fameux de la guerre entre les chrétiens et les Sarrasins. C'était là qu'étaient le palais et la chapelle du grand-maître des Hospitaliers, dont on voit encore quelques pans de murailles. Cette place très forte a un port sur la mer du Levant près du mont Carmel. Elle est aujourd'hui la résidence d'un pacha, et possède plusieurs fontaines publiques, et une fort belle mosquée.

Nous vîmes ensuite le promontoire blanc sur lequel est un chemin construit par ordre d'Alexandre-le-Grand, pour joindre l'île de Tyr au continent. Il ne reste plus de traces de cette digue fameuse que les sables de la mer ont recouverte et agrandie. Il nous tardait de voir *Tyr*, cette ville anciennement si célèbre, que son nom seul inspire un grand intérêt; mais, comme tant d'autres, elle n'existe plus; à sa place est un village appelé *Sour*, qui n'est habité que par quelques misérables pêcheurs, qui vivent au milieu des débris de son ancienne magnificence. Une colonne restée debout marque la place où était la cathédrale consacrée par Eusèbe. C'est dans cette église qu'Origènes a été enterré.

Le nom de *Tyr* tient à tant d'idées et de faits intéressans que j'ai cru devoir tracer ici un tableau fidèle des lieux qui furent le théâtre d'un commerce et d'une navigation immenses, le berceau des arts et des sciences, et la patrie du peuple le plus industrieux peut-être, et le plus actif qui ait jamais existé.

« Le local actuel de *Sour* est une presqu'île qui saillit du rivage en mer, en forme de marteau à tête ovale. Cette tête est un fonds de roc recouvert d'une terre brune cultivable, qui forme une petite plaine d'environ huit cents pas de long sur quatre cents de large. L'isthme qui joint cette plaine au continent, est un pur sable de la mer. Cette différence du sol rend très sensible l'ancien état d'île qu'avait la tête de marteau avant qu'Alexandre la joignît au rivage par une jetée. La mer, en recouvrant de sable cette jetée, l'a élargie par des attérissemens successifs, et en a formé l'isthme qui existe actuellement. Le village de Sour est assis sur la jonction de cet isthme à l'ancienne île, dont il ne couvre pas plus d'un tiers. La pointe que le terrain présente au nord, est occupée par un bassin qui fut un port creusé de main d'homme. Il est tellement comblé de sable, que les petits enfans le traversent sans se mouiller les reins. L'ouverture, qui est à sa pointe même, est défendue par deux tours correspondantes, où jadis l'on attachait une chaîne de cinquante à soixante pieds pour fermer entièrement le port. De ces tours part une ligne de murs qui, après avoir protégé le bassin du côté de la mer, enfermait l'île entière; mais aujourd'hui l'on n'en suit la trace, que par les fondations qui bordent le rivage, excepté dans le voisinage du port où les *Motoualis*, firent, il y a environ vingt-cinq ans, des réparations qui déjà paraissent menacer ruine.

« Plus loin en mer, au nord-ouest de la pointe, à la distance d'environ trois cents pas, est une ligne de rochers à fleur d'eau. L'espace qui les sépare du rivage du continent, en face, forme une espèce de rade où les vaisseaux mouillent avec assez de sûreté, sans cependant être entièrement hors de danger ; car le vent du nord-ouest les bat fortement, et le fond fatigue les câbles. En rentrant dans l'île, on observe que le village en laisse libre la partie qui donne sur la pleine mer, c'est-à-dire à l'ouest. Cet espace sert de jardin aux habitans; mais telle est leur inertie que l'on y trouve plus de ronces que de légumes. La partie du sud est sablonneuse et plus couverte de décombres.

« Toute la population du village consiste en cinquante à soixante familles, qui vivent obscurément de quelques cultures de grains et d'un peu de pêche. Les maisons qu'elles occupent ne sont plus, comme du temps de Strabon, des édifices de trois à quatre étages, mais de chétives huttes prêtes à s'écrouler. Elles étaient ci-devant sans défense du côté de terre; mais les Motoualis, qui s'en emparèrent en 1766, les formèrent d'un mur de vingt pieds de haut qui subsiste encore. L'édifice le plus remarquable est une masure qui se trouve à l'angle du sud-est. Ce fut une église chrétienne, dont il ne reste que la partie du chœur. Tout auprès sont couchées, parmi des monceaux de pierres, deux belles colonnes à triple fût de granit rouge, d'une espèce inconnue en Syrie. Un pacha, qui a dépouillé tous ces cantons pour orner sa mosquée d'Acre, a voulu les enlever, mais ses ingénieurs n'ont pas même pu les remuer.

« En sortant du village, du côté de l'isthme, on trouve à cent pas de la porte une tour ruinée, dans laquelle est un puits où les femmes vont puiser de l'eau ; ce puits a quinze ou seize pieds de profondeur ; mais l'eau n'en a pas plus de trois ; on n'en boit pas de meilleure sur toute la côte. Par un phénomène dont on ignore la cause, elle se trouble dans le mois de septembre, et devient pendant quelques jours pleine d'une argile rougeâtre. C'est l'occasion d'une grande fête pour les habitans ; ils vont en troupe à ce puits, et y versent un seau d'eau de mer, qui, selon eux, a la vertu de rendre la limpidité à l'eau de la source.

« Si l'on continue de marcher sur l'isthme vers le continent, on rencontre, de distance en distance, des ruines d'arcades qui conduisent en ligne droite à un monticule, le seul qu'il y ait dans la plaine. Ce monticule n'est point factice comme ceux du désert ; c'est un rocher naturel d'environ cent cinquante pas de circuit sur quarante à cinquante pieds d'élévation. On n'y trouve qu'une maison en ruines, et le tombeau d'un cheik ou santon, remarquable par le dôme blanc qui le couvre. A mesure que l'on s'en approche, les arcades deviennent plus fréquentes et plus basses; elles finissent par former une ligne continue qui, du pied du rocher, tourne tout-à-coup par un angle droit au midi, et s'avance obliquement par la campagne vers la mer; on en suit la file pendant une grande heure de marche au pas du cheval.

« C'est dans cette route que l'on reconnaît, au canal qui règne sur les arches, cette construction pour un aqueduc. Ce canal a environ trois pieds de large, sur deux et demi de profondeur; il est formé d'un ciment plus dur que les pierres mêmes; enfin l'on arrive à des puits où il aboutit, ou d'où il tire son origine. Ces puits sont ceux que quelques voyageurs ont appelés *puits de Salomon ;* mais dans le pays on ne les connaît que sous le nom de Ras-el-àên, qui signifie *tête de la source.* On en compte un principal, deux moindres, et plusieurs petits; tous forment un massif de maçonnerie qui n'est point en pierre taillée ou brute, mais en ciment mêlé de cailloux de mer. Du côté du sud, ce massif saillit de terre d'environ dix-huit pieds, et de quinze du côté du nord. De ce même côté, s'offre une pente assez large et assez douce pour que des chariots puissent monter jusqu'au haut. Quand on y est monté, l'on trouve un spectacle bien étonnant; car, au lieu d'être basse ou à niveau de terre, l'eau se présente au niveau des bords de l'esplanade, c'est-à-dire que sa colonne qui remplit le puits est élevée de quinze pieds plus haut que le sol. En outre cette eau n'est point calme, mais elle ressemble à un torrent qui bouillonne, et elle se répand à flots par des canaux pratiqués à la surface du puits. Telle est son abondance, qu'elle peut faire marcher trois moulins qui sont auprès, et qu'elle forme un petit ruisseau, dès avant la mer qui en est éloignée de quatre cents pas.

« La bouche du puits principal est un octogone, dont chaque côté a vingt-trois pieds trois pouces de long, ce qui suppose soixante-un pieds de diamètre. On prétend que ce puits n'a point de fond. Il est remarquable que le mouvement de l'eau à la surface a rongé les parois intérieurs du puits, au point que le bord ne porte plus sur rien, et qu'il forme une demi-voûte suspendue sur l'eau. Parmi les canaux qui en dérivent, il en est un principal qui se joint à celui des arcades, au moyen desquelles l'eau se portait jadis au rocher, puis du rocher, par l'isthme, à la tour où l'on puise l'eau. Du reste, la campagne est une plaine d'environ deux lieues de large, ceinte d'une chaîne de montagnes assez hautes, qui règnent depuis la Quasmié jusqu'au cap Blanc. Le sol est une terre grasse et noirâtre où l'on cultive avec succès le peu de blé et de coton que l'on y sème. »

La puissance de Tyr sur la Méditerranée et dans l'Occident est assez connue ; Carthage, Utique, Cadix, en sont des monumens célèbres. On sait que cette ville étendait sa navigation jusque dans l'Océan, et la portait au nord par delà l'Angleterre, et au sud par delà les Canaries. Ses relations à l'Orient, quoique moins connues, n'étaient pas moins considérables. Les îles de *Tyrus* et *Aradus*, aujourd'hui *Barhain* dans le golfe persique, les villes de *Faran* et *Phœnicum Oppidum*, sur la Mer-Rouge, déjà ruinées au temps des Grecs, prouvent que les Tyriens fréquentèrent dès long-temps les parages de l'Arabie et de la mer de l'Inde.

Qu'est devenue cette cité fameuse dont on retrouve à peine aujourd'hui la trace? Ce fut Alexandre qui, pour satisfaire son orgueil barbare, commença la ruine de

Tyr. Après un siége de sept mois, il entra dans cette ville en vainqueur irrité, la détruisit, et sur ses décombres en fit bâtir une autre dont il se déclara le fondateur; mais celle-ci ne recouvra jamais son ancienne splendeur, et les révolutions du sort, ou plutôt la barbarie des Grecs du Bas-Empire et des Musulmans ont amené son entière destruction.

Je ne dois pas oublier de vous parler de *Tripoli*, que les Arabes et les Turcs appellent *Tarabolos*. Cette ville, située sur la rivière le Quadicha, est la résidence d'un pacha. Elle est assise au pied du Liban qui la domine et l'enceint de ses branches à l'est, au sud, et même un peu au nord du côté de l'ouest. Elle est séparée de la mer par une petite plaine triangulaire d'une demi-lieue, à la pointe de laquelle est le village où abordent les vaisseaux. Les Francs appellent ce village, *la Marine*, du nom général et commun à ces lieux dans le Levant. Il n'y a point de port, mais seulement une rade qui s'étend entre le rivage et les écueils appelés *îles des lapins et des pigeons*. Le fonds en est de roche; les vaisseaux craignent d'y séjourner parce que les câbles des ancres s'y coupent promptement, et que d'ailleurs on y est exposé au vent du nord-ouest qui est habituel et violent sur toute cette côte. Du temps des Francs, cette rade était défendue par des tours dont on compte encore sept qui subsistent depuis l'embouchure de la rivière jusqu'à la Marine. La construction en est solide, mais elles ne servent plus qu'à nicher des oiseaux de proie.

Tous les environs de Tripoli sont en vergers où le nopal abonde sans art, et où l'on cultive le mûrier blanc pour la soie, et le grenadier, l'oranger et le limonier pour leurs fruits, qui sont de la plus grande beauté ; mais l'habitation de ces lieux, quoique flatteuse à l'œil, est malsaine. Il y règne chaque année, depuis juillet jusqu'en septembre, des fièvres épidémiques qui sont dues aux inondations que l'on pratique dans les jardins pour arroser les mûriers et leur rendre la vigueur nécessaire à la seconde feuillaison. D'ailleurs la ville n'étant ouverte qu'au couchant, l'air n'y circule pas, et on y éprouve un état habituel d'accablement qui nuit singulièrement à la santé. L'air, quoique plus humide à la *Marine*, y est plus salubre, parce qu'il y est libre et renouvelé par des courans.

Le commerce de Tripoli consiste principalement en soies assez rudes, et dont on se sert pour les galons, mais elles perdent de jour en jour de leur qualité parce que les mûriers sont dépéris au point qu'il n'y a plus que des souches creuses. Il en coûterait peu sans doute d'en planter de nouveaux, mais on ne peut n'y planter n'y bâtir impunément dans ce pays où le despotisme et les abus qui en sont le résultat sont portés au degré le plus avilissant et le plus tyrannique. Si, dans un pays soumis aux Turcs, un homme s'avise de planter ou de bâtir, le pacha suppose que cet homme a de l'argent, il le fait venir et lui en demande ; s'il nie, il reçoit la bastonnade, et s'il en accorde, on la lui donne encore pour en obtenir davantage. C'est ainsi que les Turcs gouvernent. Le commerce de Tripoli est aux mains des Français seuls ; ils y ont un consul et trois comptoirs ; ils exportent les soies et quelques éponges que l'on pêche dans la rade ; ils les paient avec des draps, de la cochenille, du sucre et du café d'Amérique. On compte dans cette ville quinze mille habitans.

La province de Syrie, située entre la Méditerranée et l'Euphrate, est bornée au nord par le mont Taurus et les différentes branches qui la séparent du Diarbeck et de l'Anatolie ; à l'est, par le Diarbeck et les *Wahabis* qui la bornent aussi au sud avec la Judée ; à l'ouest, par la mer.

On lui donne trois mille huit cent quatorze
lieues carrées de superficie, abstraction
faite du désert, et un million huit cent
mille habitans, Grecs, Arabes, Turcs,
Druses, Maronites et Bédouins, presque
tous misérables excepté sur les côtes. Elle
est traversée, du sud au nord, par deux
chaînes de montagnes, qui laissent entre
elles des vallées d'une extrême fertilité.
Ces montagnes sont le Liban et l'Anti-
Liban. La vallée, entre le Liban et la Méditerranée, est d'une grande étendue, et
produit en abondance toutes sortes de
grains ainsi que les fruits les plus délicieux.
On récolte dans les parties montagneuses
de la soie, du vin, des olives et du tabac.
Le Liban est célèbre ainsi que l'Anti-Liban
par les cèdres qu'il portait et qui servirent
à orner le palais de Salomon et le temple
du vrai Dieu. Les plaines de Houran et de
Lesge ne sont pas moins remarquables par
la fertilité de leur sol; mais au-delà, jusqu'à l'Euphrate, règne un désert immense

où rôdent quelques tribus nomades de Bédouins. On trouve dans la Syrie des buffles, des chameaux, des chacals, des onces et des hyènes. Les rapports commerciaux de cette province, sans cesse exposée aux excursions des Arabes et aux vexations des Turcs, sont aujourd'hui fort bornés. Le peu de négoce qu'elle ose entreprendre se trouve restreint aux seules villes de Scanderoun, de Tripoli, de Saïde et de Damas. La Syrie, contrée florissante sous ses anciens possesseurs, tomba d'abord au pouvoir des Sarrasins. Elle devint, au temps des croisades, le théâtre d'une longue suite de guerres et finit par rester soumise au despotisme de l'empire ottoman, dont le gouvernement absurde, au lieu de réparer les maux qu'avait soufferts cette province, et d'améliorer le sort de ses habitans, n'a fait qu'aggraver le mal par les avanies que se permettent impunément les gouverneurs.

Ce n'est pas précisément le despotisme

dans le sens que nous donnons à ce mot, qui fait le malheur de la Turquie. Le sultan ne jouit pas légalement d'une autorité illimitée; il n'ose s'écarter d'aucune des règles prescrites par l'Alcoran; il ne peut même, sans courir de grands risques, toucher à des institutions consacrées par un long usage et par les préjugés de la nation. Il nomme et révoque à son gré les grands fonctionnaires civils et militaires, il est maître de leur fortune et de leur vie, mais l'exercice de ce droit redoutable rencontre de grands obstacles : tel pacha bat les armées qu'on envoie pour le chasser de son gouvernement; tel autre renvoie à Constantinople la tête de son capidgi venu pour chercher la sienne. Cet abus d'autorité d'un côté, cette résistance presque toujours impunie de l'autre, n'annonce pas un gouvernement fondé sur des bases bien solides. La constitution de l'empire turc ne présente qu'une tyrannie militaire tombée en dissolution et dégénérée en anarchie. Les règles de l'Alcoran sont très vagues ; on ne voit dans l'opposition du peuple et des pachas qu'une série d'insurrections dévastatrices.

L'état politique de la Turquie paraît se mouvoir sur deux principes. Le premier est celui qui permet à tout homme revêtu d'un pouvoir de le déléguer tout entier à un autre. Ainsi le sultan est le lieutenant du prophète; chaque pacha représente le sultan ; chaque soldat, porteur d'un ordre, représente le pacha. Ce principe qui, en multipliant à l'infini le nombre des oppresseurs, fait peser l'oppression sur toutes les classes, tient à l'origine militaire de l'empire turc. Cette nation victorieuse administre encore ses vastes conquêtes comme une ville prise d'assaut. C'est moins une nation qu'une armée campée au milieu des nations vaincues.

Du premier principe découle le second : que toutes les personnes et les choses conquises par les Ottomans sont la propriété du sultan. D'abord les personnes le sont ; que peuvent être des chrétiens, des juifs, des Arméniens et d'autres chiens, sinon les esclaves du vainqueur ? Il leur a permis de vivre, mais ils n'ont obtenu cette permission qu'en payant un tribut annuel dont la quittance porte ces mots : *Rachat du coupement de la tête.* Ce même principe appliqué aux terres empêche même les Turcs d'avoir aucun droit de propriété inamovible ; ils ne sont que les usufruitiers de leurs possessions, et quand ils meurent sans laisser d'enfans mâles, le sultan est leur héritier ; s'il a des fils il ne peut réclamer qu'un dixième de la succession. Les fonctionnaires de l'état ne jouissent pas même de ce droit incomplet ; tout ce qu'ils possèdent est censé appartenir au sultan dès qu'ils n'existent plus. Cette instabilité des propriétés est cause que personne n'ose entreprendre des constructions dispendieuses et solides. Les Turcs aiment mieux ramasser des bijoux et des richesses faciles à cacher et à emporter.

La vénalité la plus frauduleuse règne dans l'empire turc. Les places de pacha, de cadi, tous les emplois se donnent au plus offrant. Pendant la durée, ordinairement courte, de leurs fonctions, ceux qui en sont pourvus s'empressent de pressurer leurs administrés pour se dédommager des sommes qu'ils ont données, et en amasser de nouvelles. L'obscurité des lois accroît l'anarchie; il y manque des institutions propres à contenir la puissance arbitraire des gens en place, et à garantir l'exécution des lois contre l'influence des personnes.

La plupart des princes, nés dans le sérail où ils reçoivent une éducation assez médiocre, sont bien peu capables de gouverner. Ils se déchargent de ce soin sur un premier ministre qu'on appelle le grand-visir. Ce personnage est, dans toute l'étendue de l'expression, le lieutenant du sultan. Il garde le sceau impérial, il commande les armées en personne, il dispose des finances, et nomme à tous les emplois administratifs et militaires ; mais plus le grand-visir est puissant, plus sa responsabilité est terrible. Tous les malheurs auxquels l'état se trouve exposé, lui sont attribués : disettes, incendies, défaites, révoltes, épidémies même. Le glaive, toujours suspendu sur sa tête, le frappe également, soit qu'il déplaise au peuple, soit qu'il indispose le sultan. Entouré de piéges, en butte à tous les traits, il est extrêmement rare qu'un visir vieillisse dans le poste périlleux qu'il occupe.

Le *Divan*, ou conseil d'état, se compose des principaux ministres. Le réis-effendi est le plus grand chevalier de l'empire et le chef de la corporation des Kodja, ou gens de plume, corporation qui a su acquérir une grande influence politique ; et qui renferme aujourd'hui les hommes les plus instruits de la nation.

L'*Uléma*, ou le corps des docteurs en théologie et en jurisprudence, est chargé de veiller au maintien des lois fondamentales de l'empire. Ces lois se réduisent à l'Alcoran et aux commentaires que d'anciens docteurs ont composés sur ce saint livre des Mahométans. Les membres de l'Uléma, qui ont le titre d'effendi, réunissent le pouvoir judiciaire au pouvoir religieux; ils sont à la fois les interprètes de la religion et les juges de toutes les affaires civiles et criminelles. On ne peut légalement les faire mourir sans le consentement de leurs chefs.

Le *Mufti* est le chef suprême de l'Uléma, et le vicaire du sultan, comme calife ou successeur de Mahomet et chef de l'église. Le sultan n'émet aucune loi, ne fait aucune déclaration de guerre, n'établit aucun impôt sans avoir obtenu un *fetfa* ou décision du mufti. Cette place éminente serait une sorte de contre-poids à l'autorité du souverain; elle pourrait souvent la paralyser, si les peuples n'eussent pas été assez lâches pour souffrir que les sultans s'arrogeassent le droit de déposer le mufti, de l'exiler, et même de le faire mourir après l'avoir déposé. C'est ainsi que, faute d'énergie les Aragonais, peuple d'Espagne, ont laissé abolir la charge de grand-justicier, qui était pour eux un rempart contre les empiètemens du pouvoir absolu.

Le mufti présente tous les ans au grand-seigneur les candidats pour les hautes magistratures judiciaires ; ils sont pris dans le corps des ulémas. L'influence du mufti et des ulémas serait encore très grande s'ils avaient su se maintenir dans une réputation de probité ; mais la vénalité de tous les emplois a introduit dans tous les états et dans toutes les classes des habitans de cet empire, une avidité pour le gain et une corruption telle que la moindre grace, le moindre service, la justice même, ne s'obtiennent que par des présens. On achète la sentence du juge et la déposition des témoins comme on achète un emploi, comme on achète la faveur d'un homme en place. Dans aucun pays de la terre, les faux témoins ne sont ni si communs ni si déhontés qu'en Turquie.

La jurisprudence turque est très expéditive; après quelques sermens prêtés pour et contre par les deux parties, le cadi prononce une sentence sans appel, appuyée de quelques versets de l'Alcoran. Infliger la bastonnade aux gens du peuple, faire payer au riche Grec ou Européen une amende, ou, comme on dit dans le Levant, une *avanie*; condamner un voleur à être pendu, voilà le savoir ordinaire d'un juge turc. Point d'instruction, point d'avocats; la justice est rendue, ou l'injustice est consommée en peu d'heures.

L'empire ottoman offre pourtant une sorte de représentation populaire. Les principaux délégués du peuple s'appellent *ayans*, d'un mot arabe qui signifie œil.

Leur emploi est de veiller à la sûreté et à la fortune des particuliers, au bon ordre et à la défense de la ville; de s'opposer aux entreprises injustes des pachas, aux avanies des gens de guerre, et de concourir à la juste répartition de l'impôt. Ce sont ordinairement les hommes réputés les plus vertueux qui, d'après le choix du peuple, se chargent gratuitement de cette honorable fonction. Les ayams appellent, à leur conseil, les notables de la ville et les hommes de loi, pour discuter les objets d'un intérêt commun, pour rédiger avec eux les réclamations à faire au pacha, et pour établir de concert les motifs de plainte qu'ils peuvent juger nécessaires de présenter contre lui au souverain.

L'administration des provinces est modelée sur le système qui gouverne tout l'empire. Les pachas, distingués par le nombre de queues ou de drapeaux, réunissent le pouvoir militaire au pouvoir administratif. Ce seraient de petits sultans, si tout le pouvoir judiciaire n'avait pas été laissé aux cadis. Le pacha à trois queues a, comme le sultan qu'il représente, le droit terrible de punir de mort tous les agens qu'il emploie, et même tous les individus qui menaceraient la paix publique, latitude dangereuse, qui donne lieu à des vexations arbitraires, et aux plus énormes abus d'autorité. Le pacha entretient un état militaire plus ou moins nombreux, suivant la position et les revenus du pachalic, et marche à la tête de toute la force armée, lorsqu'il est requis par le souverain, ou lorsque la frontière est menacée ; il a sous ses ordres les sous-gouverneurs qui sont appelés begs ou sandgiacs. Cette accumulation de pouvoirs livre le plus souvent les provinces à la tyrannie; et tandis que le grand-seigneur se livre à ses plaisirs, ses peuples sont accablés de vexations plus ou moins violentes, selon le plus ou moins d'avidité du tyran subalterne. Quand, à la longue, les plaintes ou les insurrections ont fait connaître l'oppression insupportable qui pèse sur une province, le gouvernement envoie un capidgi avec un ordre secret, ou un autre pacha avec une armée : on s'empare du pacha coupable, sa tête sanglante figure au-dessus de la porte du sérail, ses trésors vont grossir le fisc, et voilà les peuples vengés.

Un des plus grands maux de l'empire ottoman, est la diversité des religions. Les Turcs et les autres sectateurs de Mahomet, ne forment pas la moitié de la population. Le reste, et c'est la majeure partie, se compose de nations chrétiennes. Outre les Grecs proprement dits, les peuples d'origine esclavonne, tels que les Serviens, les Valaques, les Monténégrins, suivent le rit grec oriental. Les arméniens forment une église nombreuse; d'autres sectes religieuses, telles que les jacobites, les nestoriens, les maronites, les druses, les juifs même, fourmillent en Turquie plus que dans tout autre pays. Toutes ces associations paraissent aux yeux des Turcs autant de conspirations ennemies. Toutes, à l'exception des maronites et des druses, sont privées de leur culte, soumises à des marques d'ignominie, et livrées sans défense à l'injustice. Tel est l'effet des haines religieuses que ces différens peuples qui pourraient, en se réunissant, écraser leurs tyrans, aiment mieux rester sous le joug le plus humiliant, que de se relâcher de la haine invétérée qu'ils se portent mutuellement.

On s'accorde à représenter les Turcs comme des hommes grands, bien faits, robustes, d'une physionomie rude, mais souvent noble, ayant le teint légèrement basané, et les cheveux ordinairement plus bruns que noirs. La gravité naturelle de leur maintien, augmentée par l'ampleur de leurs vêtemens, par la coiffure des turbans, et par la grandeur des moustaches, leur donne un air imposant. Ils ont conservé, surtout dans les provinces asiatiques, la même croyance religieuse, les mêmes mœurs et les mêmes usages qui les distinguaient il y a trois siècles. Une nourriture frugale, et composée principalement de végétaux, l'abstinence assez générale du vin, l'habitude des exercices mâles, tels que l'équitation et le maniement des armes; une hospitalité grave et cérémonieuse, beaucoup de silence, beaucoup de dévotion extérieure; des habitations simples et tranquilles, des jardins romanesques et solitaires, tels sont les principaux traits qui donnent à la vie des Turcs, et généralement des Orientaux, un caractère original et singulier.

Le Turc ne connaît point l'agitation et le mouvement de nos sociétés. Il se repose mollement sur les coussins de son sopha, fume son tabac de Syrie, s'échauffe avec du café moka, et regarde les danses exécutées par des esclaves. La polygamie n'est qu'une sorte de luxe chez les grands et les riches ; car les femmes turques étant en possession du droit de dépenser beaucoup et de ne rien faire, les hommes peu fortunés se gardent bien de se charger de l'entretien de plus d'une épouse. Quelquefois les personnes aisées du sexe, ou leurs parens, exigent dans le contrat de mariage une renonciation formelle de la part de l'époux au droit qu'ont les sectateurs de Mahomet d'épouser plusieurs femmes.

Les musulmanes ne paraissent, hors des harems, que couvertes de triples voiles et d'habits qui dérobent aux yeux les plus pénétrans les traits et la taille de ces momies ambulantes. Ce n'est que dans des bains soigneusement fermés ou au fond de leurs harems que les femmes se réunissent entre elles et se donnent des fêtes. C'est là qu'elles se régalent de sorbets, de confitures, de café; c'est là qu'elles étalent leurs robes, leurs dentelles, leurs bijoux, et qu'elles goûtent le plaisir de critiquer leurs maris ou leurs voisines. Elles y font venir des danseuses, qui leur procurent les spectacles les plus gais, mais aucune femme honnête ne danse elle-même.

Les Turcs paraissent avoir un fond de douceur naturelle. Ils possèdent ce même esprit de charité qui empêche les Indiens d'ôter la vie aux animaux. Dans les villes turques, les chiens, les chats vivent dans une abondance qu'envieraient nos mandians; des troupes de pigeons se croisent dans l'air, et viennent demander aux barques chargées de grains un tribut qu'on ne leur refuse guère. Des oiseaux aquatiques peuplent les bords du canal de Constantinople ; leurs nids sont respectés des enfans mêmes, qui dans d'autres contrées les poursuivent avec une ardeur si cruelle. Les Turcs étendent leur bienveillance sur les arbres. Un préjugé louable défend à un propriétaire cupide de priver la ville ou les campagnes d'un ombrage salutaire et agréable. Les riches se font gloire d'embellir les promenades publiques, soit par des fontaines, soit par des lieux de repos : deux objets rendus indispensables par la fréquence des ablutions et des prières que la religion mahométane ordonne. Les caravanserais sont des auberges publiques où l'on reçoit gratuitement les voyageurs et les artisans. Enfin dans les campagnes et particulièrement dans l'Anatolie, on a remarqué des propriétaires turcs chez lesquels on ne pouvait qu'admirer la pratique des mœurs les plus pures, le règne du bonheur domestique, et l'exercice d'une hospitalité vraiment patriarchale; mais les Turcs étant, les premiers venus de l'Asie centrale, établis en Europe, jouissant d'une gloire et d'une puissance plus ancienne, en ont conservé une sorte d'orgueil rendu plus choquant par la rudesse de leurs manières, et qui a blessé tous ceux qui ont eu occasion de visiter leur pays. On n'a vu dans ce peuple entier qu'une horde féroce, ignare, grossière et presque incapable de recevoir aucune sorte de civilisation. En jugeant ainsi, on ne s'est pas beaucoup trompé, car il faut qu'un peuple qui a depuis si long-temps des relations avec l'Europe, ait conservé des racines bien profondes de son ancienne barbarie, pour n'avoir pas au moins modifié ses institutions absurdes, institutions qui font d'un peuple nombreux autant de vils esclaves d'un despote qui, au gré de ses caprices ou de ses fureurs, fait tomber indistinctement la tête de quiconque a le malheur de lui déplaire. Telle est la faiblesse des ressorts qui font mouvoir le gouvernement de l'empire ottoman, que le désordre le plus grand règne dans les diverses branches de l'administration, l'oppression et la fermentation dans les provinces; qu'on rencontre des brigands sur toutes les routes, et que dans tous les coins de l'empire se trouvent des insurgés assez puissans pour braver l'autorité.

TABLE

DES LIEUX, DES PERSONNAGES ET DES CHOSES REMARQUABLES DANS LE TOME PREMIER.

ABIB, ville ancienne.	Page 44
ACRE, l'ancienne Ptolémaïde.	223
ADANA, ville.	89
AKALZIKÉ, ou Géorgie turque.	29
AK-HISSAR, ville.	95
ALEP, ville célèbre.	130
ALEP (Mal d').	133
ALEXANDRETTE, ville et port.	129
ALEXANDRIDE, poète grec.	25
AMASIA, ville.	83
AMATHUS, ville ancienne.	10
ANANIE (maison d').	153
ANGORA, ville.	77
ANTIOCHE, aujourd'hui Antakié.	136
ARARATH, montagne célèbre.	111
ARGANA, bourg.	91

Arménie Turque.	Page 96
Ayasaluc, village.	71
Babylone (l'ancienne).	116
Bagdad (l'ancienne).	115
Bagdad (la nouvelle).	117
Bains Turcs.	51
Balbek, ville en ruines.	158
Bambouch, ville en ruines.	135
Ban (bourg du).	162
Bassora, ville célèbre.	125
Bethanie, village.	215
Bethléem, ville.	217
Betlis, ville.	100
Boli, ville.	48
Brousa, ville.	48
Calcédoine, ville ancienne.	48
Caméléon (le), animal singulier.	68
Cana (fontaine de).	204
Canobin (monastère de).	155
Carra, village considérable.	194
Castro, ville.	39
Cèdres (forêt des).	157
Charès, sculpteur célèbre.	21
Chypre (île de).	7
Chypre, ville ancienne.	17
Chiti, l'ancienne Cithium.	17

CLÉOBULE, l'un des sept sages de la Grèce. Page	25
COLOSSE de Rhodes.	21
CORUS, ville ruinée.	135
DAIR-EL-KAMAS, gros bourg.	180
DAIR-MOKALLÈS (couvent de).	191
DAMAS, capitale de la Syrie.	151
DAMAS (champ de).	153
DARA, village autrefois ville.	110
DIARBÉKIR, province.	108
DIARBÉKIR, ville.	112
DIVAN (le), ou conseil-d'état.	243
DIVRIGNY, ville.	90
DRUSES (les).	180
EDEN (bourg d').	163
EGLISE (l') Saint-Jean.	27
ERZEROUM, ville.	96
EPHÈSE, ville ancienne.	69
ESKIMOSUL, l'ancienne Ninive.	10
FAMAGOUSTE, ville.	13
GROTTE des sept dormans.	72
HELLA, ville.	117
HENDIÉ, fille maronite.	170
HIPPARQUE, astronome grec.	25
HIPPOCRATE, le père de la médecine.	26
HOMÈRE, poète grec.	34 et 66

Ieuzgatt, ville.	Page 78
Isnik, l'ancienne Nicée.	47
Isnik-Mid, ville ancienne.	46
Jaffa, ville maritime.	222
Jérusalem, cité sainte.	205
Josaphat (vallée de).	204
Kaisariéh, l'ancienne Césarée.	87
Kara-hissar, ville.	73
Kars, ville.	97
Kastamouni, ville.	80
Keresoun, l'ancienne Cerasus.	92
Kerkouk, ville.	114
Konieh, l'ancienne Iconium.	75
Kurdistan (le).	100
Kutaieh, ville.	73
Larnaca, ville.	15
Lentisque (le), Arbre précieux.	34
Liban (montagne du).	155 et 237
Liban (l'anti-), montagne.	237
Liban (peuples du).	163
Longin, auteur célèbre.	199
Loubadi, ville.	53
Lucien, poète grec.	89
Magnisa, l'ancienne Magnésie.	58
Malatia, l'ancienne Mélitène.	89

Marash, ville. Page 89
Mar-Hanna (monastère de). 182
Mariage des chrétiens en Syrie. 144
Marine (la), village. 233
Maronites (les). 164
Marsouin (le), cochon de mer. 62
Mégara (tour de). 120
Merdyn, ville. 110
Mesched-Aly, ville sacrée. 125
Mesched-Hossein, ville sacrée. 125
Métélin (île de). 39
Monastère de Derviches. 144
Mont-Thabor (le). 203
Mosul, ou nouvelle Ninive. 108
Motoualis (les), peuples. 194

Nesbin, l'ancienne Nisibe. 109
Nestorius, théologien célèbre. 89
Nicaria (île de). 28
Nicosie, ville. 12

Ounieh, l'ancienne Oenoé. 83
Ourfa, l'ancienne Edesse. 113

Palestine (la). 201 et 218
Palmyre, ville en ruines. 196
Paphos, ville ancienne. 9
Pathmos (île de). 26
Pittacus, philosophe. 40

Polycrate, tyran.	Page 31
Portrait, mœurs, usages des Syriens.	139
Portrait physique et moral des Turcs.	250
Pythagore, philosophe célèbre.	31
Rhodes (île de).	21
Rhodes, ville.	22
Saide, l'ancienne Sidon.	192
Saint-Jean-Baptiste (église de).	152
Sain-Jean l'apocalypse.	126
Saint-Paul, apôtre.	89
Saint-Sépulcre (l'église du).	206
Saint-Siméon (monastère de).	134
Salomon (puits de).	250
Samos (île de).	29
Samsoun, ville.	81
Sardes, ville ancienne.	54
Sart, village.	55
Satalie, ville.	74
Scio (île de).	31
Scio, ville.	33
Scutari, ville.	45
Seleucie, ville en ruines.	136
Semizat, ville.	89
Sichem, ville.	222
Sidonaia, ville ancienne.	154
Sinope, ville ancienne.	81

Sivas, ville.	Page 85
Smyrne, grande ville.	59
Sour, village.	224
Stan-Cho, ile de Cos.	26
Syrie (la).	129, 137, 236 et 238
Syriennes (habitudes des).	150
Tarsous, l'ancienne Tarsus.	89
Temple de Diane.	70
Ténédos (île de).	41
Terpendre, musicien célèbre.	40
Théocrite, sophiste.	34
Théophraste, philosophe.	40
Théopompe, historien.	34
Thiatire, ville ancienne.	56
Timoléon, poète grec.	25
Tokat, ville.	84
Trébisonde, ville.	93
Tripoli, de Syrie, aujourd'hui Tarabolos.	235
Turquie d'Asie, état politique.	240
Tyr, ville ancienne.	223 et 232
Uléma (l'), ou corps des docteurs.	244
Van, ville.	97
Van, lac.	97
Yésides (les), peuple.	103

Yésides de Sindjar, peuple.   Page 109
Yon, poète tragique.   34
Zénobie, reine de Palmyre.   198

FIN DU TOME PREMIER.

www.ingramcontent.com/pod-product-compliance
Lightning Source LLC
Chambersburg PA
CBHW050656170426
43200CB00008B/1309